さっぽろ酒場《SAKABA》グラフィティー

pub & bar graffiti in Sapporo

和田由美

wada yumi

亜璃西社

ついつい長居してしまう、いぶし銀の空間で憩う。

店の歴史が染み込む
使い込まれたものに囲まれた
居心地のいいこの空間で、
今日も盃を重ね、ほろ酔い気分。
心をゆっくりと潤しながら、
至福の時間を愉しむ。

酒場酔訪

「♪好きになったら　忘れられない
それは初めての酒　初めての店――」
そんな、愛すべき酒場の数々を、
あの渡辺マリが歌った（井上陽水でも可）
名曲「東京ドドンパ娘」のリズムに乗せ、
ほろ酔い気分でいざ探訪！

煙る店内で、無口な店主が豪快かつ繊細に焼きあげた串を食らう。ただそれだけのことで、なぜか満ち足りた気分になってしまうから不思議だ（福島本店、p31）

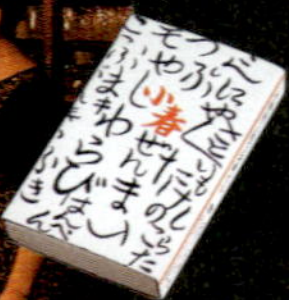

ほどよい暗さとゆったりとしたカウンター。昔ながらの風情が、ここには今も漂う（おでん小春、p14）

ひとりでも仲間とでもくつろげる、酒場という名の酒場。老いも若きも集う、まさに大衆酒場だ（金冨士酒場、p45）

琴似地区が誇る老舗のカウンターで、積み重ねた時が醸し出す郷愁を味わうのもいい（田舎や、p57）

べっ甲色に染まった天井、年季の入ったカウンター。このクラシックな佇まいが、酒のうまさを助長してくれるのだ（たかさごや､p51）

家族で営むアットホームな雰囲気の店内には、昔ながらの“駅裏”の風情が今も残されている（晩酌処かんろ、p85）

老舗シャンソンバーのオーナーとして奮闘する、プロシンガーの神山慶子さん（ソワレ・ド・パリ、p108）

ススキノでも数少ない本格派のジャズバーを営む、ジャズシンガーの黒岩静枝さん（DAY BY DAY、p117）

オーナーを務めるパブでは演奏も披露する、ピアニストの岩崎和子さん（ミュージックパブは〜もに〜、p114）

歳月の重みを感じさせる品の良いインテリアが、大人の世界へと誘う。ここは日本最古のシャンソニエ（銀巴里、p105）

人気バンドのドラマーを務めた店主の阿部民雄さんは、今もバンド仲間と一緒に店を営む（チャックベリー、p111）

酒場酔訪

左は音楽酒場の先駆者としてススキノの歴史を彩ってきたオーナーのジョージ広田さん。上はかつての店内風景（ジョージの城、p102）

酒に酔い、かつ音に酔う――。これぞ大人のためのひと時。

ムード歌謡にシャンソン、ジャズ、ロック、サルサ……。上質な歌と演奏が醸し出す過ぎ去りしあの時代へのノスタルジー。今宵はわが青春に、杯を掲げよう。

聖なる酒場へのドアを
今宵、いざ開かん——。

酒場酔訪

記憶に残るカクテル、
忘れられないバー。
闇のなかに浮かび上がる
一杯のグラスを友に、
酒場という名の文化を味わう。

地上からたった10段下りただけで、そこには孤独を愉しむための闇が広がる（ジャズバーソリチュード、p146）

真空管アンプを通して流れる柔らかなジャズの音色は、バーという空間に似つかわしい（BAR アドニス、p152）

贅沢なインテリアが非日常を演出する、ここはまさに大人のための遊び場（パブリックバーKOH、p136）

日本バーテンダー界の重鎮でもあるマスターの山崎達郎さん。客の横顔をシルエットで紙に切り取る巧みな技で知られ、そのスクラップは4万枚を超える（BARやまざき、p127）

昭和33（1958）年にイラストレーターの柳原良平が生んだ、トリスウイスキーのキャラクター「アンクルトリス」
（撮影協力＝カバシマヤ）

大きなパブミラーに映る店内は、温もりのある素材を駆使した居心地の良さが魅力だ（ドゥ エルミタアヂュ、p155）

往時を偲ばせる華やかなインテリアに囲まれて微笑む、店主の増永直子さん（ブルゴーニュ、p160）

この古めかしい4丁目会館の威容を見よ！　目指す店「柳」は、階段を上がった2階奥にある（柳、p76）

底抜けに明るい宮尾すゞ子さんは、今は亡き夫の長治さんとこの店を始めた。上は開店当初の店内風景（バール・コーシカ、p166）

酒場酔訪

あの店この店、エトセトラ

人に歴史があるように、店にも歴史がある。
そして、この街で長らく続く酒場には、
ここで暮らす人々の物語までもが刻まれている。
街に夜の帳が下りる頃、今宵もまた
聖なる酒場で新しいドラマが紡ぎ出されるのだ。

店内から一望できる街並みは、札幌の美しさを何よりも雄弁に物語る（N43、p172）

さっぽろ酒場グラフィティー——目次

III・居酒屋

Ⅳ. 音楽酒場

Ⅴ. カクテルバー

I. おでん

寒さに凍えた心まであったまる
熱々のおでんを肴に
ぬるめの燗できゅーっと一杯

札幌を代表する名店――

おでん小春《こはる》

学生や文化人たちを陰で支えたオバちゃん

ひとりで酒場に通い詰めるようになったのは、30歳を過ぎてからのことだった。敬愛する作家、山口瞳さんのエッセイ集『酒呑みの自己弁護』をきっかけに、不遇時代の山口さんを見習い、裏通りの酒場を飲み歩いたものだ。

その頃、酒飲みの先輩が教えてくれた一軒が、都通り（南3条と南4条の間の仲通り）にあるおでんの老舗「小春」である。カウンター18席と2人用テーブル2卓のこぢんまりとした店で、昔は石川書店（南4西4）の隣にあったと聞かされた。

●創業　昭和23（1948）年
●住所　中央区南3西3、克美ビル2階
●電話　011（251）5416
●営業　17時～22時30分
●休み　日曜、祝日
★おでん150円～
★生ビール500円
★日本酒（最上川）400円

古き良き時代の面影を色濃く残す酒場で、店内に足を踏み入れると、ほど良い暗さと〝オバちゃん〟こと小野寺春子さんが、さりげなく出迎えてくれる。常連客には、亡き詩人の更科源蔵さんを始め、作家や画家、大学教授など、一家言を持つ先達が多かった。ジーパン姿の私など、本当は気軽に入れる店ではなかったが、小野寺さんにはいつも優しくしてもらった。

山形県庄内出身の小野寺さんが、実姉と最初の店を開いたのは昭和23（1948）年のこと。戦争で夫を失い、幼子を抱えた小野寺さんは、無我夢中で慣れない水商売にいそしむ。が、決して愛想

カウンター内の定位置にいつも腰掛ける、オバちゃんこと小野寺春子さん

のいい方ではなかったらしい。

でも、面倒見の良さは人一倍で、貧乏な学生時代に世話になったという人は数え切れない。隣の古書店で本を売った金を握りしめて酒を飲み、足りなくなってツケにするのは当たり前。なかには、次の店に繰り出す資金まで借りた剛の者もいたと

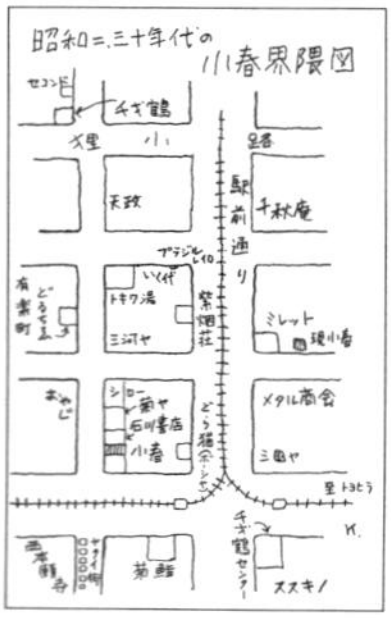

開店30周年に常連客が作った『小春——三十年を回想して』より。若き日のオバちゃんは、女優のようにきれい

昔ながらの風情が漂う、カウンター中心の店内

いう。それでも小野寺さんは、「本当にいい人たちに巡りあったと思います」と当時を振り返る。

やがて、石川書店がビル化されることになり、店舗を移転。今はなき飲み屋街の有楽町（南3西5）を経て、現在地に落ち着くのは昭和48（1973）年のことである。断髪に黒い矢絣《やがすり》の作衣姿がよく似合う小野寺さんが、常連客と挨拶を交わし立ち働く姿は、今も昔と変わらない。

その横で、次々と入る注文をてきぱきとこなすのは、20年ほど前から手伝う嫁の桂子さん。「最初は仕込みで精一杯。いらっしゃいが言えるまで、随分時間がかかりました」と話す。とはいえ、やはり常連客は、元気なオバちゃんの顔を眺めてからでないと酒が進まない。平成20（2008）年には創業60周年を迎えた小春。おでんのうまさと相まって、誰がなんと言おうと札幌を代表する名店だ。

カウンターの独り言
テーブル席にある椅子は、半世紀以上前の開店当初から使い込まれた小春さん思い出の品。

徹底した頑固ぶり――

かつや

母娘2代で守ってきた
秘伝の味と居心地の良さ

　熱燗好きの酒党にこっそり教えたいのが、ここ「かつや」。かつて常連客に親しまれた、〝お母さん〟こと川地勝江さんは、髪を丸髷に結い、和服をきりりと着こなしていたものだ。平成12(2000)年に惜しくも他界されたが、2代目を継いだ娘の真知子さんが見事に店を切り盛りしている。

　関西風でも関東風でもない、高級野菜スープのようなおでんのつゆを筆頭に、一度食べると忘れられない手づくりの漬物、さらには鉄の器で出される熱燗も変わらず健在だ。

●創業　昭和30(1955)年
●住所　中央区北4西4、読売北海道ビル地下1階
●電話　011(231)1507
●営業　17時~22時30分
●休み　日曜、祝日
★おでん200円~
★生ビール500円
★日本酒(北の誉)500円

　この店は、初代が旧国鉄砂川駅前で昭和30(1955)年に開いたのが始まり。店名は「母の名前から一字取り、屋号の〝や〟と組み合わせたんです」と真知子さん。創意工夫で生み出されたオリジナルなおでんが評判を呼び、開店から15年目にして、母娘で店を札幌に移している。

　当初は、大通西6丁目の仲小路に店を構えるが、昭和48年に北4西5の仲小路へ移転。ここには懐かしい「げるまん亭」や「サラウンベ」など居酒屋の名店がひしめいていたが、昭和61年完成のアスティ45ビル建設のため、全店が立ち退きに。

　そこで、すぐそばの読売北海道ビルへ移転し、

カウンターに組み込まれたおでん鍋を前に、
てきぱきと注文をこなす２代目の川地真知子さん

それから20年ほど営業。同ビルの新築に伴い、2年ほど仮店舗で営んだ後、平成18年に完成した新ビルへ戻っている。真知子さんは、「創業以来、駅前で営業してきた店なので、無事に駅前へ戻れてホッとしました」と振り返る。

店内にはカウンターのほか、テーブル席が３つある

店の造りは、ほぼ以前のまま。入ってすぐ右手に長年使い込まれた木製カウンターがあり、そこに存在感たっぷりの特注のおでん鍋が組み込まれている。昔からメニュー表はなく、自分で鍋をのぞいて選ぶのがこの店流。小上がりこそなくなったが、居心地の良さは少しも変わっていない。

「うちは会社勤めの方が仕事帰りにくつろぐ店。だから平日は、家族連れや団体さんに遠慮してもらっています」と真知子さん。在りし日の初代も、「飲み過ぎの人には飲ませない、ツケはやらない、常連でも名前は覚えない」と店の方針を語っていたが、母娘2代に渡る頑固ぶりは驚嘆に値する。

ともあれ、ほろほろと口中で崩れるメークインや子持ちヤリイカなどを味わいながら、熱燗をちびり飲めば、仕事の憂さが晴れること請けあい。その居心地の良さは、〝店は人なり〟をしみじみと実感させてくれるはずだ。

カウンターの独り言 新装開店で座敷は消え、座りやすいテーブル席に変更。でも、秘伝のおでんの味は変わっていない。

洗練された味わい――

おでん 一平本店《いっぺいほんてん》

老いも若きも茶めしに舌鼓
含み味のこれぞ江戸前おでん

●創業　昭和35(1960)年
●住所　中央区南3西3、克美ビル5階
●電話　011(251)1688
●営業　17時30分～23時
●休み　日曜、祝日
★おでん200円～
★生ビール600円
★日本酒(白鹿特選)600円

「おでん小春」(p14)や「BARやまざき」(p127)などの名店が入居する、都通りに面した克美ビル。その5階へ平成17(2005)年8月に移転したのが、「おでん一平」である。30年余り営業した木造2階建の古めかしい路面店を立ち退くことになり、「たった2週間で新しい店を出しました」と店主の谷木紘士さん。店舗を買い取る話もあったが、土地の権利関係が複雑で結局、実現しなかったという。

移転後の店内は、カウンター10席に加え、予約制で利用できるテーブル席がひとつという、こぢんまりとした造り。しかし、お馴染みのクラシックなメニュー表や開店以来使い込まれてきた秋田杉のイス、そして檜の一枚板を使うカウンターは以前のままだ。

そもそも、初代が東京の老舗「一平」から暖簾分けをしてもらい、南4西4で創業したのは昭和35(1960)年のこと。先輩の編集者に案内されて私が初めて訪れたのは、松坂屋札幌店(現ロビンソン札幌)新築工事のため、仮店舗で営業している時だった。昭和46年頃のことだと思う。

煮込ませない含み味の江戸前おでんを初めて知

仕込み中の作衣スタイルがいなせな、店主の谷木紘士さん。
頑固だが、背筋の伸びた人だ

り、その洗練された味に度肝を抜かれた。さらに、すすめられて食べた茶めしが、ほんのりと薄味で抜群にうまい。「世の中にこんなに美味しいご飯があるのか」と感動させられたものだ。

やがて、初代の後を継いだ谷木さんが、南4西2に店を移したのは昭和49年のこと。研究熱心なだけに、はんぺんは日本橋の「神茂」製、コンニャクは群馬産など、素材にかける情熱は半端ではない。京極町の農家に栽培を依頼する特注のダイコンも下側しか使わないなど、徹底している。

カウンター席のほか予約制のテーブル席も用意する

現在の店舗に移ってから、予想外に若い客が増え、彼らが親を連れて家族で来店することも多くなったという。谷木さんは、「新しい店ではのんびり商いをやろうと思っていましたが、かえってお客さんが増えて働かされていますよ」と笑う。

とはいえ、若いカップルがおでんを肴に日本酒を飲み、仕上げに茶めしを味わって顔をほころばせるのが、無上の喜びらしい。「ごちゃごちゃ言わなくても、口に入る食い物のうまさは誰でもわかるみたいですよ」とうれしそうな谷木さん。頑固一徹だと思っていたが、いい意味で肩の力が抜けたようだ。

カウンターの独り言
中日ドラゴンズで活躍した弟の谷木恭平さんも、南4西5（つむぎビル地下）でおでん屋を営む。

個性派店主の創作おでん――

おでん処 酒悦《しゅえつ》

おでんを超えた独創つみれを肴に
豊富に揃う焼酎、日本酒を堪能

駅前通りに面したビル最上階にあるここ「酒悦」は、店内からススキノのネオンを見下ろせる眺めの良さが魅力。寒さの厳しい季節ともなれば、降りしきる雪を眺めながらの雪見酒が楽しめ、身も心も温めてくれるはずだ。

その酒肴に欠かせないのが、店主横山勲夫さんが工夫を凝らす、数々のオリジナルつみれ。定番のダイコンや豆腐などのおでんに加えて、「タラバガニ」「あんきも」「ゆり根ぎんなん」などなど、創作つみれが目白押しなのである。

●創業　平成元(1989)年
●住所　中央区南5西4、菊良ビル6階
●電話　011(512)7227
●営業　18時〜翌2時
●休み　日曜
★おでん200円〜
★生ビール500円
★地酒500円〜

「料理はお遊び！」と言い切る横山さんにとって、トウキビやカボチャなどの野菜はもとより、カズノコや七草など何でもおでん(つみれ)のタネになってしまう。上品な薄口のツユとの相性もよく、別の食べ物に思えるほど……。

美唄出身の横山さんは高校卒業後、東京銀座の本格的なイタリア料理店で3年ほど修業。70年代半ばに札幌へUターンし、イタリア料理店を出すものの、時代の先を行きすぎたせいか失敗してしまう。そこで、母親の横山かつさんが長らく営むおでん屋「酒悦」(南5西4)を手伝いながら、和食店で板前修業を積み、新生「酒悦」をニューブ

イタリアンや和食の修業を積んだ、店主・横山勲夫さんならではの、
大胆な創作つみれが楽しめる

ルーナイルビル（南5西3）に開き独立したのは、平成元（1989）年のことだった。その後、平成16年に現在地へ移転。母親の時代から数えれば、優に半世紀を超える老舗なのである。

とはいえ、メニューは刺身、焼き鳥、揚物など幅広い。「美味しいものがあれば、とことん取り入れたい方だからね」と語る横山さんは、貪欲なまでに創作メニュー生み出す。さらに、酒も鹿児島の蔵元に特注する「酒悦」という名の芋焼酎を始め、日本酒やワイン、ウイスキーなどを豊富に取り揃える。

ススキノのネオンを見下ろす店内からの眺めがいい

それにしても、ビルの最上階にあるこのスペースが、かつて1階で金物店を営んでいたビルオーナーの倉庫だったとは、信じられない。入ってすぐが板張りの広いフロアーで、インテリアはすべて横山さんの独創。ある時はひとりでカウンター、またある時は大勢で掘り炬燵を囲むなど、時と場合で使い分けられるのがいい。店を訪れる度、上手に改装したものだと感心させられる。

ちなみに、深夜まで営業しているので、語り足りない恋人たちのデートにも最適、とおすすめしておきたい。

カウンターの独り言
日本酒は辛口の良い地酒を揃えているので、ついつい飲み過ぎてしまうかも！

II・焼き鳥

食欲そそる匂いに誘われて
今日もくぐる古き暖簾
コップ酒片手に味わう串のうまさよ

昭和12年創業のまさに老舗――

鳥君《とりきみ》

生き馬の目を抜く歓楽街で70余年 人気弁士が屋台で始めた老舗店

　札幌に焼鳥屋は数あれど、この店ほど長い歴史を持つ老舗は珍しい。生き馬の目を抜くススキノで、平成18(2006)年に創業70年目を迎えているのだ。それだけに、店に辿り着くまでのアプローチにもこだわり、東向きに建つ第11グリーンビル右手の路地を抜ける路地裏風のロケーションと、そこから見える暖簾が実に風流なのである。

　そもそもこの店は、無声映画の人気弁士だった君塚一路が、昭和12(1937)年に屋台で開業したのが始まり。その後、君塚の妹と結婚した矢部政吉が2代目を継ぎ、その長男の敏昭さんが3代目を継いだ。

　床が傾いた大正時代築の古めかしい建物(南5西4)から、このビルに移転したのは平成4年のこと。「路地裏をイメージさせるこの場所を見つけるのに、1年以上かかりました」と敏昭さんが語っていたことが思い出される。旧店舗で長年に渡って使い込まれたカツラの木のカウンターが、4等分されてテーブルの天板に変身したことに驚かされたことを、今も鮮明に覚えている。

　ところが、敏昭さんは移転後まもなく病で急逝。止むなく未亡人の和枝さんが、4代目を継ぐこと

●創業　昭和12(1937)年
●住所　中央区南5西3、5・3ビル1階
●電話　011(511)5388
●営業　17時30分〜22時
●休み　日曜、祝日
★焼き鳥400円〜
★生ビール500円
★日本酒(白鶴)450円

ねじり鉢巻とモダンな柄の作務衣姿が板につく、
４代目店主の矢部和枝さん

になった。「あれから、あっという間に時間が経ちました。生きるための糧でもあったので、無我夢中でしたから。今の財産は、店とお客さんですね」と和枝さんは振り返る。

ご主人が健在の頃から店を手伝っていたとはいえ、後を継いで間もないうちは、材料を多く仕入れて無駄にするなど失敗は数え切れない。しかも、必死の形相で焼いていたので、「恐い女と思ったお客さんもいたようです(笑)。最近やっと、自分のペースで仕事ができるようになりました」。

それにしても、ズッポ(板前用の着物)を着こなした、いなせな3代目の顔が今でも思い浮かぶ。インタビューの合間に缶入りピースを取り出し、火バサミで炭火をつまんで火をつける粋な仕草に、「これぞ男に生まれけり」と感心させられたもの。

そんな敏昭さんが亡くなって早10年以上――。移転後の内装を手がけた、私の友人であり店舗デザイナーの伊藤真介さんが、後を追うように亡くなって5年以上が経つ。遠い神々の時代から地底に埋もれていたという、「神代木(タモ)」の一枚板を使ったカウンターに坐り、美しい木目を眺めながら、しばし思い出にふけってしまった。

積み重ねた歳月の重みか、店内は落ち着いた雰囲気

カウンターの独り言

ここの焼き鳥を味わうなら、サラリとしていながら奥深い、秘伝のタレをお試しあれ。

親子3代で守る暖簾――

福島本店

ふくどりほんてん

煙立ち込める店内に息づく
先代から受け継がれた流儀

平成19(2007)年に創業60周年を迎えた老舗「福島本店」には、欠かせない3点セットがある。もうもうと煙が立ち込めるカウンター、焼き台に乗った焼き燗用の白いホーロー製ポット、そして白シャツ姿の頑固そうな店主――そのどれひとつも、欠けてはいけない。

酒飲みの先輩に連れられて、ここに初めて足を踏み入れたのは30年ほど前のことだったろうか。当時は須貝ビルの斜め向かい角(南4西2)に店を構え、出入口も今とは違い須貝側だけで、やたら細長く感じられたカウンターが今も忘れ難い。頑固そうな店主(初代の故馬渡利雄さん)が、ホーローのポットからなみなみとコップ酒を注ぐ姿、そして肉厚で塩加減のほど良い豚串のうまさと相まって、その雰囲気に感嘆させられたものだ。

2代目の馬渡利明さんによると、昭和21(1946)年に札幌劇場(現須貝ビル)南側の仲小路で開業。その後、須貝ビル斜め向かいの角地を経て、現在地に落ち着いたのは昭和55年のこと。「親父は小上がりを作らない主義で、昔からカウンターだけ。いつもお客さんを待たせている状態でしたね」と利明さん。たいていの客は、焼鳥を数本食べ、

●創業　昭和21(1946)年
●住所　中央区南4西1
●電話　011(231)0893
●営業　17時～22時30分
●休み　日曜
★とりかわ、ガツ各480円
★生ビール580円
★日本酒(高清水)320円

焼き台に立って 35 年以上の 2 代目馬渡利明さん。
その風貌には積み重ねた年月が刻み込まれている

コップ酒を3杯ほど飲んで、所要1時間が目安だったとか。
高校生の頃から店を手伝ってきた利明さんは、焼き台に立って35年以上。父親の味に近づくのが大変で、当初は常連客に「お前のなんか食えないよ」と突き返されたことも。後に気づいたのが常連客それぞれの好みを覚えることで、3年目から「だいぶん似てきたぞ」と言われようになった。しかし、自分で納得できるまでには、10年ほどかかったそうだ。

もうもうと煙が立ち込める店内は雰囲気たっぷり

現在の店は、コの字型カウンターの奥に、もうひとつ縦長のカウンターがあり、利明さんの息子で3代目の賢一さんが焼き台を受け持つ。「父は厳しいですが、この雰囲気を崩さずにやっていきたい」と尊敬の念をこめて語ってくれた。
この店をひと言で語るなら、〝頑固一徹〟だろう。モモ肉がついた「とりかわ」や特製「ガツ」など、工夫を凝らしたメニューはもとより、先代から受け継ぐタレの味やホーローのポットによる焼き燗など、先代の流儀をそのまま踏襲している。歴史の浅いこの街で、親子3代に渡って守られた暖簾は珍しく、それだけに裏の苦労が偲ばれる。

カウンターの独り言
柔らかくて臭みのないガツ、とりかわ(鶏の精肉)、そして秘伝のタレで食べる豚精が定番デス。

麻生地区の宝物――

銀泉《ぎんせん》

幅広い客層に支持される
豊富なメニューと漂う温もり

14～15人も入れば満杯のカウンター席には、裸電球の柔らかな光が注ぎ、オーナー店主の佐藤博延さんが慈愛に満ちた笑顔で迎えてくれる――。そんな人の心を包みこむ温もりが店内に満ち溢れた「銀泉」は、平成17（2005）年に開店30周年を迎えている麻生地区の宝物だ。

市営地下鉄の開通で、市内の沿線には次々と居心地のいい酒場が誕生した。ここはその先駆け的存在。現在は屯田や石狩方面に接続するバス停前に位置するが、昭和49（1974）年の創業時は、まだ南北線が麻生まで延長されていなかった。「地下鉄駅はおろかバス停もなく、良くここまで生き残ったと思いますよ」と佐藤さんは振り返る。

網走生まれの佐藤さんは、東京の大学を卒業後、5年ほど札幌の会社に勤め、学生時代のバイトで覚えた焼き鳥の腕を頼りに脱サラで開業。当初から、もつ焼きとホルモン煮込みが看板メニューで、炭火でじっくり焼かれた焼き鳥のうまさには定評がある。まずは、肉厚のガツやほろほろと口中で崩れるレバーから味わってみたい。

焼き鳥以外のメニューも豊富で、天ぷらや煮物、おひたしなどなんと100種類に上る。夏場は家

●創業　昭和49（1974）年
●住所　北区麻生町5丁目
●電話　011（726）4681
●営業　17時～23時
●休み　日曜、祝日
★焼き鳥100円～
★生ビール530円、瓶ビール500円
★日本酒（國稀・コップ酒）350円

落語好きでシャイな店主の佐藤博延さんと、
片腕の宮沢清史さん（写真奥）

庭菜園で収穫する新鮮なキュウリやダイコンなどが登場し、定番に彩りを添えるそう。また日本酒は、ここ20年来、増毛の「國稀」が定番だ。

店の客層は年齢、性別を超えて幅広く、バスを待つ間に一杯引っ掛ける人や、会話を楽しむ常連客など多種多彩。毎週金曜日になると、真駒内から地下鉄に乗って飲みにくる剛の者もいる。それがなんと80歳近い女性で、帰りは店のスタッフや常連客が地下鉄のホームまで送り届けるそう。佐藤さんは、「逢うとわかりますが、とても素敵なおばあちゃんですよ」と微笑む。

確かにこの店には、リタイヤ後も飲みに来たいと思わせる、温かい雰囲気が漂っている。口うるさい常連客はもとより、一見の客にも嫌味なく平等に接する佐藤さんの姿勢が、そうした空気を生み出すのだろう。

現在の心境を、「光陰矢の如し、ですよ」と語る佐藤さん。その横では、後継者と見込んだ〝キヨシ〟こと宮沢清史さんが、黙々と開店準備を進める。金よりも銀の方が控え目だから、と命名されたこの店の基本精神は、今も脈々と受け継がれているようだ。

カウンターのみの店内だが、居心地の良さは抜群

カウンターの独り言 周辺の古書店を巡ってから一杯やるのが楽しみな客も多かったのに、軒並み閉店。淋しいねぇ。

昔ながらの酒場——

勝のやきとり《かつのやきとり》

カウンター越しに飛び交う店主とのざっくばらんな会話

しっかり食べて飲んで、それでもまだ飲み足りない深夜、ふと立ち寄りたくなるのがここ「勝のやきとり」。8人も座れば満席というカウンターだけの酒場だが、いつだって店主の〝勝さん〟こと三上勝由さんが笑顔で迎えてくれる。

とはいえ、生意気盛りの若造が聞きかじりのことをしゃべり、偉そうな態度でも見せようものなら、たちまち勝さんに叱られるだろう。私が飲み歩いていた若き日は、人生の大先輩である酒場のマスターやママに叱られながら、人間関係のマナーや心の機微を教わったもの。ここは、その雰囲気を未だに残す、昔ながらの酒場だ。

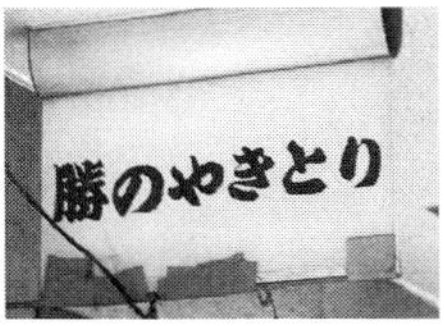

●創業　昭和59（1984）年
●住所　中央区南5西4、ニュー美松ビル地下1階
●電話　011（513）0535
●営業　17時30分～24時
●休み　日曜
★焼き鳥100円、おでん100円
★生ビール400円
★日本酒（北の誉純米）300円

テレビドラマやCMで活躍中のベテラン俳優でもある勝さんは、青森市生まれ。高校卒業後、大手企業に入社し、最初の赴任地が札幌だった。中学・高校と演劇部に所属した芝居好きが高じて、会社員生活のかたわら、地元の「劇団新劇場」で10年ほど役者を務める。

転勤で仙台へ一時期赴任したこともあったが、35歳の時に思い切って脱サラ。「人生70年とすれば、丁度折り返しの年齢になったので、好きなことをさせてもらおうと思ったんです」と勝さん。

兄貴分のような包容力と、ユーモア溢れる会話が楽しい
店主の三上勝由さん。役者としても活躍中だ

幸い奥さんも、「あなたなら仕方がない」と承知してくれたという。そして昭和59（1984）年、新宿通り（南5西4）北側にあった袋小路で開店。現在地に移転したのはそれから10年後のことで、常連客は芝居関係者や物書き、デザイナーからサラリーマンまでと種々雑多だ。

店主と客との会話がざっくばらんに弾む

今も現役の役者である勝さんは、北海道開拓の村で年に数回行う〝田舎芝居〟を演じ、北海道が舞台のテレビドラマに出演するなど大忙し。芝居の魅力について、「自分の感性が衰えていると感じた時、芝居をするとカンフル剤を打ったように甦ってくるのがたまりませんね」と語る。また、STVラジオ「ほっかいどう百年物語」の朗読も6年を超え、「声だけですが、自分の思いをこめられるのがいいんです」と楽しそう。

映画のポスターや芝居のチラシが賑やかに貼られた店内のカウンター右端では、おでん鍋が湯気を立てる。中央の焼き台でじっくり焼かれる自慢の焼き鳥を含め、どれも低料金なのがうれしい。

夜が深まるにつれ、コップ酒を片手に店主へ議論を挑む若者が現れる日もあり、まだまだ意気盛んな酒場である。

カウンターの独り言
時に津軽訛りで、故郷の祭り〝ねぷた〟をうれしそうに語る三上さん。生粋の東北人である。

酔いどれ番外地 1
幻の酒場「海へ」

ひとりで酒場に通い詰めるようになったのは、30歳になろうかという頃だった。当時の私は、「結婚、出産、離婚と、20代で女性がすることは全部やった」と、すっかり開き直っていた(今考えると冷汗が出る)。が、幼な子と借金を抱え、明日をも知れぬ編集稼業の日々にウツウツとする中、オフィスのある狸小路ビル(狸小路5丁目)地下の居酒屋「海へ」に通うのが、ひとときの安らぎだった……。

故武岡幹男さんが営むその店は、夕方4時開店、夜9時30分に店仕舞いし、正月三が日は絶対に休まないユニークな酒場だった。いつも小樽へ列車で買出しに行く武岡さんは、季節ごとに気の利いた突き出しを出してくれた。その買出しに同行し、小樽で立ち飲みの昼酒を初体験させてもらったこともある。

そうした酒肴に負けず劣らず凄いのが、常連客の顔ぶれだ。画家の国松登さんが手品を披露するかと思えば、4度も芥川賞候補となった作家の寺久保友哉さんが毒舌を吐き、彫刻家の砂澤ビッキさんも足繁く立ち寄るという按配。このほか、広告代理店の社長、大学教授、歯科医、一匹狼のヤクザ、詩人、ヌードモデルなど、ひと癖もふた癖もある多彩な人種が集まっていた。自信も実績もない私だったが、心意気だけはわかってくれたのか、みなとても優しく接してくれたのが忘れられない。

居酒屋「海へ」にて。中央が店主の武岡幹男さん、右は寺久保友哉さん

やがて、武岡さんは便所裁判(ビル地下にトイレがないことから、家賃支払いを拒否して訴えられた)に敗れ、開店7年目の2月26日に店を閉めた。その後、肝硬変にもかかわらず好きな焼酎を飲み続け、東京で亡くなったという。まさしく頑固一徹な人らしい最期である。

ともあれ、酒の飲み方から世間の常識・非常識まで、この酒場で教わったことは数え切れない。わずか3年余りだったが、幅広いジャンルの人々に出会い、大いに刺激を受けた。貴重な人生経験をさせてもらったという意味でも、私にとって忘れることのできない〝幻の酒場〟なのだ。

III・居酒屋

料理よし、酒よし、居心地よし
身も心もトコトン酔わせる
これぞわれらが味方の大衆酒場！

路地裏の愛すべき酒場——

第三モッキリセンター

昼間から堂々と飲める
絵に描いたような大衆酒場

この愛すべき酒場は、今風にいうと〝創成川イースト〟に位置する。優に40人は座れるコの字型カウンター、多人数でも対応できる広々とした奥座敷、忙しそうに立ち働くオバちゃんなどなど、まさしく絵に描いたような大衆酒場だ。

なにしろ、焼酎180円、日本酒200円、生ビール350円。枝豆や冷奴を肴に一杯やっても、1000円札でお釣りがくる。2代目店主の加藤一夫さんは、「常連客の場合、何を食べて何を飲むかわかります。料金まで決まっているんですよ」と顔をほころばす。また、「毎日、通い詰めてくれるお客さんの顔を見ていると、時には店をやめたいなあと思うことがあっても、すぐに思い直して続けようという気になりますね」。

このモッキリセンターは、加藤さんによると、昭和元(1926)年に小樽の山田町で開業した加藤商店が、店先で客に盛り切りの一杯を立ち飲みさせたのが始まり。父親で初代の故加藤一美さんから伝え聞いた話では、客は店頭に並ぶ煮干しや味噌などを勝手につまんで飲んでいたという。

昭和25年には札幌へ進出し、「「かめや」(大通東1)という旅篭《はたご》の一画を借り、立ち飲みで始めた

●創業　昭和25(1950)年
●住所　中央区南1東2(仲通り)
●電話　011(231)6527
●営業　14時~22時(土曜は13時~20時)
●休み　日曜、祝日
★焼き鳥(4本)300円
★生ビール350円
★日本酒(白鹿)200円

会社員から転職し、初代である父親の後を継いだ
２代目店主の加藤一夫さん

そうです」と加藤さん。後に近所へ移転し、「モッキリセンター」と名を変えるが、やがて同名の店舗が小樽や札幌のあちこちに誕生した(なんと狸小路にもあった)ことから、あえて「第三」とつけたそう。つまり、札幌1号店なのに第三を名乗り、最後に残ったのがここだったという訳だ。

カウンターとテーブル席のほか、座敷も用意する

この店を私は、映画「アンモナイトのささやきを聞いた」の監督、山田勇男さんに教えてもらった。山田さんは、何かをスタートする時は必ずここを利用し、映画仲間だった漫画家の故湊谷夢吉さんと出会ったのもこの店だったとか。隣接する現在地へ移転(平成6年)する前に訪れたので、同じコの字型カウンターも相当に年季が入っていて古めかしく、今とはひと味違った東京の下町に似た風情が漂っていたものだ。

その時に驚かされたのが、昼間から飲めること。それは今も変わらず、平日は午後2時から営業。一品料理のメニューも不変で、壁に貼り出された「鯖のみそ煮」「くしかつ」「ハムエッグス」など品書きを見るだけで、レトロな気分に浸れる。

それにしても、路地裏にこうした大衆酒場が生き残っているとは、札幌の懐もなかなか深い。

カウンターの独り言 仕込みの際はコック帽を被る店主の加藤さん。往年はモダンボーイだったとお見受けする。

庶民の味方——

金冨士酒場《きんふじさかば》

酒飲みの心を掴んではなさない
懐かしさ漂う酒場の風情

若くて懐が心もとなかった時代、友人と連れだって良く行ったのがここ。誰もが一度は行ったことのある、庶民の味方ともいうべき大衆酒場で、いくら飲んでも万札が飛ぶことはなく、その前にいつも酔いつぶれたものだ。

そんな懐かしい店を、久しぶりに訪れてみた。入口の行灯に輝く赤い「金冨士」の文字、開店以来の年季が入った一枚板のカウンター、そして今どき珍しい穴の開いた丸いす。大衆酒場の風情は昔のままで、思わず懐かしさがこみ上げてきた。

●創業　昭和28（1953）年
●住所　中央区南5西3、北専プラザ地下1階
●電話　011（531）7740
●営業　17時～24時
●休み　日曜、祝日
★くし物（3本）230円～
★生ビール420円
★日本酒（男山）270円

感心したのは、初代の孫にあたる津田史行さんが、立派に3代目を継いでいること。大学を中退して店に手伝いに入ったそうで、彼の存在もあってか、客層は若い世代から常連の年配客まで実に幅広い。史行さんは、「お客さんからすごく愛されていることを、いつも実感できるんです。店を継いで本当に良かった」と語る。

初代の故津田慶作さんが現在地でこの酒場を開いたのは昭和28（1953）年、まだススキノにビルの姿はなく路面店ばかりの時代だった。店名は、当時「金冨士」という銘柄の日本酒を造る蔵元、中川酒造が札幌にあり、その直営店だったことか

平成 13 年に店を継いだ 3 代目の津田史行さん(左)と、それを見守る叔父の誠司さん

ら命名。しかし、昭和40年代中頃にその蔵元が廃業し、以後は旭川の「男山」を主に使う。

昭和43年には周辺のビル化で地下に入居し、父親で2代目の津田紘司さんが継いだのは同63年。今も2代目は仕込みこそ手伝うが、営業中は顔を出さず、実弟で叔父にあたる津田誠司さんが、若き3代目を見守りながら店を手伝っている。

小上がりもある店内は、いつもひっきりなしに賑わう

さて、ここ金冨士酒場の名物は、3代目が「おじいちゃんの時代からの習わしです」と語るように、日本酒を頼むと銚子3本まで、それぞれにつまみが付くこと。1本目は日替わり、2本目はサイの目切りの冷奴、3本目は漬物。つまり、飲み代だけで3種類のつまみが楽しめる訳だ。往年は、この店で下地を作り、「いざ出陣！」とばかりにネオン街へ繰り出す御仁も多かったというのもうなずける。ところが今では、日本酒を飲む客は全体の3割弱で、残る6割はビールを頼むとか。「ひとりで来て、2、3杯飲んでさっと帰る方も多いですね。一日の疲れを癒やしてもらえればうれしいので、話しかけないようにしています」と語る史行さん。若いのに、なんて酒飲みの心がわかる店主なんだろう。頼もしい限りの3代目だ。

カウンターの独り言
狸小路9丁目にも同じ名の店があり、こちらは親戚が営む。ここも年季の入ったいい店だよ！

大衆価格の絶品串かつ——

串かつ千里《せんり》

半世紀を経ても変わらぬ
親子で営む家庭的な雰囲気

狸小路5丁目と6丁目の間を南へ進むと、左角に古めかしい建物が見えてくる。ここが、昭和30(1955)年創業の大衆酒場「串かつ千里」だ。からりと揚がった黄金色の串かつを看板メニューに、低料金で酒が楽しめる庶民の店である。

3代目を継いだ阿部晋吾さんが揚げ物を一手に引き受け、2代目として活躍した父親の清彦さんが煮たり焼いたり、そして母親の清子さんが接客を担当。親子によるチームワークの良さが、店内を温もりある家庭的な雰囲気にしていて、仕事帰りの一杯をさらに美味しくさせてくれる。

そもそもこの店は、晋吾さんの祖母である阿部ヤスノさんが、串揚げをメインに始めた酒場。創業時から人気の串かつ(1皿2本)は、サクサクッとした衣と、味が濃く柔らかな寿都産豚肉の組み合わせが絶妙で、信じられないほどうまいのだ。しかも、キャベツの千切りが添えられて1皿340円。この安さには、驚かされてしまう。

「うちの看板メニューだから採算は度外視。これだけは食べてもらわなくちゃ」と笑顔で語る清彦さん。その後を継いで10年以上になる3代目の晋吾さんは、調理専門学校を経て札幌グランドホテ

●創業　昭和30(1955)年
●住所　中央区南3西5
●電話　011(231)8826
●営業　17時〜11時30分
●休み　日曜、祝日
★串かつ340円、湯豆腐180円
★生ビール510円
★日本酒(千歳鶴)250円

揚物を一手に引き受ける３代目の阿部晋吾さんと、
それ以外の調理を担当する父親の清彦さん

親子を中心に営む店内には、家庭的な雰囲気が漂う

ルの洋食部門で修業。4年目に父親が脳梗塞で倒れ、24歳の若さで店を継ぐことになった。しかし、「もともと父のすすめでこの世界に入り、やってみたら嫌いじゃなかった。今では、この道に進んで良かったと思っています」と力強い。

そんな職人気質の晋吾さんだけに、「しばらく食べないと、なんだか無性にここの揚物が恋しくなる」と客にいわれるのが最高の喜び。ちなみに、揚物を美味しく揚げるコツは、①油がいい②素材が新鮮③油とお話しすること、だそう。

店内には、1階にカウンター8席とテーブル席4つ、4～5人収容の小上がりひとつあり、木製の階段を上がった2階には宴会もできる広い座敷がある。その日、どこに座るかで異なる気分が味わえるのがいい。日本酒は創業時から一貫して千歳鶴を使い、素焼きの店名入り徳利が大小取りまぜて棚に並び、昔ながらの風情を醸し出す。

熱々の串かつをほお張りながら、コップ酒を2杯飲んでも、1000円札でお釣りがくる大衆価格のこの酒場。創業から半世紀以上を経た今なお、親子3代にわたって受け継がれる家庭的雰囲気と低料金は少しも変わっていない。アッパレ！

カウンターの独り言
2階の座敷に上がる時、注文の連絡用に親子電話の子機が手渡されるのがなんともユニーク。

居心地の良さと素朴な味――

たかさごや

通い詰めたくなるクラシックな佇まい

昭和35(1960)年創業の居酒屋「たかさごや」に通い詰めて、かれこれ30年になるだろうか。煙で燻されてべっ甲色に染まった萱葺きの天井、年季の入ったコの字型のカウンター、ベンチのような椅子など、店内はどこをとってもクラシックな佇まい。「独立してもこの店よりいい店は造れないと思い、継がせてもらいました」と語るのは、2代目店主の塩田秀敏さん。

塩田さんが、初代の〝お母さん〟こと江口千恵さんから店を引き継いだのは平成10(1998)年のこと。いつも真っ白な割烹着姿で入口正面に座り、ソロバン片手にしっかり勘定していたお母さんは、常連客にとって名物的な存在だった。塩田さん自身、「この世界に入るなら、気取らなくて週に何度も通える店がいいと思ってましたね」と語るように、もとは客として通っていた。

この店のもうひとつの魅力は、開店以来という焼魚のギンダラやホッケのみそ焼など、北海道の素材を生かした手作りの一品料理だ。例えば、春には茹でたホワイトアスパラ、ウドの酢味噌和え、新ワラビのお浸しなど、季節限定のメニューを常時用意。とりわけホワイトアスパラは、かすかに

●創業　昭和35(1960)年
●住所　中央区南3西4、坪川ビル1階
●電話　011(231)0841
●営業　17時30分～23時
●休み　日曜
★ギンダラ840円、ホワイトアスパラ520円～
★生ビール500円
★日本酒(金滴)350円

アルバイトからスタートし、名実ともに
２代目へと成長した塩田秀敏さん

砂糖の甘みが残る昔ながらの素朴な茹で方で、郷愁を誘われる。また、手作り豆腐を使う冷奴やカリカリに焼かれた三角揚げなど、常連客にひそかに愛される定番メニューも数多い。

特筆すべきは、客層の幅広さ。締めにお茶漬けやお握りで空腹を満たす会社帰りのサラリーマンやＯＬ、刺身に舌鼓を打つ観光客、はたまた同じ皿を突っつきながら愛を語り合うカップルなどなど。いつも思うけれど、ここのコの字型カウンターは、どんなシーンも妙に合うから不思議だ。

居心地のいい雰囲気なので、つい長居をしてしまう

さらに生ビールの味も、きめ細かな泡と絶妙の冷え加減で定評がある。そのうまさの秘訣は、毎日ビールサーバーを洗浄することにあるそうで、その最初の一杯を試飲するのが、店主である塩田さんの役目。「午後４時頃に飲むんですが、これが美味しくて。……役得ですかね」とにっこり。

また、店で使う器のほとんどは、20年以上の陶芸歴を持つ塩田さんの手作り。最初はお母さんに「重たい、重ねにくい」と渋い顔をされたそうだが、今では店の顔として定着している。初代が築き、２代目が進化させたこの店。味、雰囲気ともに、この街では稀な存在である。

カウンターの独り言
スタッフはみなキビキビと働き、見ていて気持ちがいい。店主の客と馴れ合わない姿勢も見事。

初代譲りの郷土料理――

旬彩《しゅんさい》亘《わたる》

●創業　昭和38(1963)年
●住所　中央区南3西4、坪川ビル2階
●電話　011(251)4545
●営業　17時30分~翌1時
●休み　日曜、祝日
★刺身盛り合わせ(1人前)1680円
★生ビール504円
★日本酒(北斗随想)630円

先代の精神を受け継ぎ 進化させる、いなせな2代目

南3条通りに面した坪川ビルは、ビルというより民家と呼んだ方がぴったりの古びた建物。1階奥にはかつて音楽酒場「ジョージの城」が入居し、オールド世代には懐かしい、思い出の詰まったビルだ。「旬彩亘」は、急な階段を上がったその2階にあり、新鮮な海の幸など旬の食材が味わえる郷土料理店である。2代目を継いだ佐々木房人さんによると、店は叔母にあたる初代の渡辺千代子さんが、昭和38(1963)年に「亘」として創業した。もと公務員の渡辺さんは、料理好きが高じて天ぷらと串揚げをメインに店を始めたという。

昭和42年には、通りを挟んだ向かい(現アーバン札幌ビル)に、おでんと焼鳥の店「亘」本店を開店。それに伴い、従来の店名を「三彩亭」に変更し、新たに郷土料理を出すようになった。その後「亘」を閉め、店名を「三彩亭亘」にして営んでいたが、平成6(1994)年に佐々木さんが引き継いだ際、現在の店名に変更。同時に、テーブル席を中心に改築し、和モダンな造りとなった。小上がりも板間で、昔の店を覚えている人はきっとびっくりするはずだ。

ところで、初代は時代に先駆けたナチュラリス

板場で包丁を握る姿も凛々しい
２代目の佐々木房人さん

トだったそう。開店以来、うま味調味料は一切使わず、「料理はすべて手作り」という姿勢を貫いた。佐々木さんもその影響を強く受け、「有機野菜だけを使う訳にはいきませんが、うま味調味料や添加物は使わず、今も初代の精神を受け継いでいるつもりです」。

カウンター席や小上がりもある、和モダンな店内

札幌生まれの佐々木さんは、大学在学中から居酒屋でアルバイトをし、オーストラリアの日本食レストランで3年ほど修業。帰国後、先代である叔母の意向で店を継ぐことになった。当初は「それじゃあ！」と言って勘定もせずツケにして帰る社用族が多く、戸惑うことも多かったという。

それだけに、彼の代になって〝進化〟したことも多い。例えば、海の幸を扱いながら深夜まで営業し、テーブルを合わせると多人数でも入れるように工夫。また、「天狗の舞」（石川）や「出羽桜」（山形）など選りすぐりの地酒を、リーズナブルに楽しめるほか、フランス、スペイン、南アフリカ、チリなど各国のワインも豊富に取り揃えている。

白いTシャツにグレーの作衣を重ね着し、スタッフに「親方！」と呼ばれる佐々木さん。いなせなスタイルで、立派な2代目ぶりを見せている。

カウンターの独り言 この木造ビルの目印は1階の居酒屋「たかさごや」。入口への廊下は向かって左側にありマス。

JR琴似駅前で40余年――

田舎や《いなかや》

花柳流のお師匠さんが営む時代を超えた粋な酒場

ひとりで飲み歩くようになった20数年前、酒場で知り合った作家の故寺久保友哉さんに教えてもらったのがこの店だった。〝お師匠さん〟こと店主の小林右加子《ゆかこ》さんが営む酒場で、昭和39（1964）年にJR琴似駅前で誕生して以来、40年以上変わらぬ姿を見せる。往時は〝第2のススキノ〟とも呼ばれ、隆盛を誇った琴似繁華街の中でも、間違いなく最古参の店のひとつだろう。

深川出身の小林さんは、実家が京染めと京呉服の店を営んでおり、隣近所には割烹料理店や置屋が軒を連ねていたという。そんな環境の下、幼い頃から日本舞踊を嗜み、若くして花柳秀芝という名で花柳流の教授となった小林さん。北海道教育文化会館大ホールのこけら落としには、「娘道成寺」を踊った経験もある。今も週3回ほど教えている現役だから、常連客が親しみを込めて「お師匠さん！」と呼ぶのも、うなずける話なのだ。

深夜まで営業しているため、昔はススキノで散々飲んだ後に立ち寄ったもの。お師匠さんは夜更けでも、刺身3点盛りや酢の物など、気の利いた酒肴をたくさん用意し、九谷焼や伊万里焼など、自らのコレクションと思われる贅沢な器で出して

●創業　昭和39（1964）年
●住所　西区琴似1条1丁目
●電話　011（611）9658
●営業　19時〜翌1時
●休み　不定
★チャーム1000円
★ビール（中瓶）600円
★日本酒（千歳鶴・一の蔵）500円

人生の年輪を感じさせる店主の小林右加子さん。
昭和ヒトケタ生まれとは思えない若々しさだ

くれた。それなのに食べ切れない時が多く、いつも申し訳なく思った記憶がある。

また、当時の私は頑なにカラオケを拒否していたが、寺久保さんに「一曲ぐらい持ち歌があってもいい」と説得され、この店で内藤やすこの「六本木ララバイ」という歌を教わった。捨て鉢なところが、私のイメージに合うそうなのだ。以来、この曲を歌い込み、おかげで恥ずかしげもなく人前で歌える基礎ができた(と言えばオーバーかな)。そうした意味でも、思い出深い店なのだ。

先日、久し振りに仲間と訪れ、お師匠さんに一曲お願いすると、金子由香利バージョンの「小雨降る径」を歌ってくれた。清元や長唄で鍛えているだけに音感が良く、声が魅力的な上に味のある歌い方が素晴らしい。まさしく、人生の年輪を感じさせるシャンソンになっていて、人生経験ではまだまだ若輩者であることを痛感させられた。

それでいて、「出合い、学び合い、助け合いの〝あい〟は、愛に通じますね。これからも初心に返って、歩み続けたいと念じています」と謙虚に語るお師匠さん。琴似地区にこれほど粋な酒場があることを、地元の人は誇りに思っていい。

お師匠さんをぐるりと囲むカウンター席のみの店内

カウンターの独り言　深夜に訪れると、魔窟にタイムスリップしたような錯覚に襲われるかも。それがやがて快感に！

酒飲みを優しく包み込む――

酒庵きらく《しゅあんきらく》

●創業　昭和40（1965）年
●住所　中央区南4西4、第5グリーンビル4階
●電話　011（210）4581
●営業　18時～24時
●休み　日曜、祝日
★チャーム1500円
★手作り餃子500円
★ビール（グラス）500円
★日本酒（一の蔵）500円

多士済々な顔触れが集う
何が起こるかわからない店

ここは、酒場に通い詰めて30年近い私が、一番多くの時を過ごした店。ここのカウンターで仕事や恋愛などの悔し涙を流し、売られたケンカを買い、先達から粋な酒の飲み方も教わった。〝酒場は先生だった〟と思う私にとって、間違いなく「きらく」は大切な恩師である。

この店に通うきっかけは、オフィスの入る狸小路ビル地下にあった、今は亡き故武岡幹夫さんが営む居酒屋「海へ」だった。とある土曜日の夜、久し振りに飲みに行くと、見知らぬ酔客が来ていて、いきなりカウンターの上で吐いてしまった。それを見た店主の武岡さんが怒り狂い、「今夜はもう店仕舞いだ、みんな帰ってくれ！」というのだ。そういわれても、まだ夜の7時にもならない頃で、ここを放り出されても困ってしまう。

すると、歯科医で清元の師匠でもある中井一仁先生が、「僕の知っている店に行こう」と誘ってくれたのである。その酒場こそ、地元劇団で女優として活躍した初代ママの〝お澄さん〟こと菅原澄子さんが、まだ北専会館横の通称・しょんべん小路（南5西4）で営んでいた頃の「第1次きらく」だったのである。そして、開店15周年を記念して

堅気から無頼派まで、酒飲みを優しく包み込んでくれる
２代目ママの鶴見優子さん

移った第2藤井ビル(南5西5)を経て、平成元年には現在地へ移転。通算すると40年以上も続く、老舗の酒場なのだ。

「第1次きらく」も、今と同じカウンターだけの店で、ボトルキープするウィスキーと水、氷がどんと出され、自分で水割りを作って飲むシステムだった。成功した会社社長や文化人が「サントリーホワイトはいいなあ」と言いながら飲むのが気に障り、わざわざ菅原さんに同格のニッカ「ブラック50」のボトルを入れてもらったものである。

皮ジャンを着込んで逆境を嘆き、飲んでいるうちにトラになったのもこの時期(もうひとり、私と同じぐらいトラだったのが作家の藤堂志津子さん)。そんな荒んだ飲み方をしていた私に、菅原さんや常連客はとても優しく接してくれた。隠しているつもりでも、傷だらけになりながら必死に仕事で闘う姿が、透けて見えたらしい。

さて、アンニュイに紫煙をくゆらせながら「店にいる以外は、時間に余裕のある楽な仕事だと思っていました。でも、冠婚葬祭など予想外にお付きあいの時間が必要でしたね」と語るのは、現在の店主である鶴見優子さん。店を手伝っていた時、初代の菅原さんに気風の良さを見込まれ、平

写真右が初代ママの菅原澄子さん、左が札幌国際大学教授だった故宮内令子さん、中央は著者(平成12年頃撮影)

成7(1995)年に2代目を継いでいる。
現在の店もカウンター13席のみ。カラオケはなく、愛想のいいホステスもいない。そんな店に会社員を始め作家、編集者、画家、学者など多士済々な顔触れが夜毎集うのだからおもしろい。時に激論が交わされるかと思えば、ある時は歌声が店中に響くなど、昔から何が起こるかわからないのが魅力だった。そういえば、この店を設計した店舗デザイナーで友人の伊藤真介さんも、店で倒れ、救急車で運ばれた病院でそのまま帰らぬ人となっている。

ママと客たちの丁丁発止ともいえる会話が続く

そんな無頼派の酒飲みを、鶴見さんは何人も見守ってきた。「今は定年退職した方も多く、最高年齢は85歳。お年寄りが元気な店なんです」と毒舌を吐きながらも、実は人間が好きで心根が優しい人だ。彼女でなければ、初代ママの時代から通う、アクの強い常連客たちを相手にするのは難しかったろう。
「10周年が済んだので、次は20周年が目標」と小柄な身体で闘志を燃やす優子ママ。今夜も料理自慢の腕を振るって、素敵な酒肴を用意しているはずだ。

カウンターの独り言
初代ママのお澄さんは、店で朗読会を開催。藤沢周平の「約束」を朗読してくれたのが懐かしい。

新鮮魚介と郷土料理――

味どころこふじ

かつての学生客が今なお通う
古き良き時代の人情残る酒場

大きなボタンエビやハッカクなど、海の幸がずらりと並ぶカウンターのガラスケースを眺めていると、どれを選んだら良いか迷ってしまう。「こふじ」2代目で料理長の藤田和久さんが、毎日、中央卸売市場に出かけて仕込むだけあり、鮮度の良さは折り紙つき。「昔からの常連客が多いので、いつも手が抜けないいんですよ」と苦笑する。

この店は、常連から〝かあさん〟の愛称で慕われた、義母にあたる大柴静江さんと藤田さんがコンビを組み、昭和43(1968)年に創業。当初は、南3条通りに面した通称「たこ寅街道」(南3西5)にあり、たった5坪の小さな店だった。

若い頃、私も行ったことがあるけれど、かあさんの気っ風の良さと東京の割烹料理店で修業した藤田さんの腕前が相まって、店内はいつも満席。「6社ぐらいの新聞記者が来ていましたよ」と藤田さんも語るように、夜討ち朝駆けの記者や北大生が多かった。当時は、かあさんが決して「帰りなさい」と言わない優しい人だったことから、客がいれば夜明けまで営業していたという。学生運動の全盛期でもあり、警察に追いかけられて深夜に逃げ込んできた学生を匿《かくま》ったこともあるとか。

●創業　昭和43(1968)年
●住所　中央区北2西3、バックストンII地下1階
●電話　011(221)1260
●営業　11時〜23時30分
●休み　日曜、祝日
★かすべ煮こごり525円
★生ビール500円
★日本酒(北の誉)350円

２代目で料理長の藤田和久さんは職人気質。
調理場ではいつも寡黙だ

しかし、「もう、お客さんがひとりで酒を飲む時代ではない」と先を読んだかあさんは、昭和51年に現在地へ移転。以前とは打って変わり、約50坪の広々とした店内には、カウンター7席のほか、小上がりや宴会用の座敷が用意され、合わせると70名を収容する大きな店になった。

小上がりやカウンター席のほか、大きな座敷も用意する

藤田さんによると、かつての学生客が教授や地方の名士になるなど出世して、本州からのお客さんを連れて足繁く通ってくれるという。もちろん、昔からの名物「イモのしょうゆ煮」や「かすべ煮こごり」など、おふくろの味を思わせる郷土料理も健在だ。「一度来てくれると、次は紹介者抜きでも通ってくれるんですよ」と藤田さん。包丁を握っている時は、寡黙で気難しそうに見える方だが、話をすると温かい人柄が伝わってくる。

長らく店を切り盛りしてきたかあさんは、現在療養中。代わって姪ごさんが接客を担当し、2人の息子さんも店を手伝う。昼時は10種類ほどある焼魚定食(680円〜)が人気で混雑するが、きびきび働くオバちゃんと息子たちが、しっかりフォローしてくれるので心配ない。古き良き時代の空気と人情が、今も色濃く残る店だ。

カウンターの独り言
北海道弁丸出しで喋るオバちゃんたちにびっくりするかも。まさしく北海道的な居酒屋なのダ。

大人のための酒場――

酒庵《しゅあん》五醍《ごだい》

ほの暗い炉辺で楽しむ酒と肴と雰囲気と

ススキノに星の数ほど居酒屋はあれど、裏通りからすっと入れるような路面店は、もうそれほど残っていない。そんな中、花小路と呼ばれる仲通りで変わらず健闘するのが「酒庵五醍」。格子窓から漏れる電球の灯りに誘われて木製の引き戸を開けると、樹齢500年を超えるというニレの大木をくり抜いた巨大な炉が、店内中央で待ち受ける。ホッケやカレイ、シイタケなど多くのメニューが、ここで焼き上げられるのだ。

寡黙でシャイな店主の河瀬郁子さんは、昭和48（1973）年に母親の友人である初代の大西恵子さんから店を引き継ぐ。以来、30年以上の長きに渡り、火バサミを握ってきた。「私のように喋らないタイプが、これほど長く続けられたのは、お客さまの筋が良かったからだと思います」。

確かに、この店で客が騒ぎ立てたり、ケンカする姿など見たことがない。そういえば、歌手のアイ・ジョージさんが焼魚に舌鼓を打ち、帰り際、コースターの下にそっと心付けを置いて立ち去った姿を見たことがある。そんな、焼魚を肴に静かに酒と会話を楽しむ、大人の居酒屋なのだ。

それにしても頑固な店で、お通しは365日、

●創業　昭和48（1973）年
●住所　中央区南7西4（仲小路）
●電話　011（531）8080
●営業　17時～23時（祝日は～22時）
●休み　日曜
★天かま320円、ほっけ1580円～
★生ビール530円
★日本酒（國稀）320円

いつも黙々と焼き物に専念する、
2代目店主の河瀬郁子さん

カツオ節を振りかけたタマネギスライス。河瀬さんも何度か変えようと思ったそうだが、「最近、タマネギは血液がサラサラになると評判なので、かえってやめられません」と苦笑い。自在鉤に吊るされた巨大な土瓶には、いつも増毛の地酒「国稀」が満たされていて、これも開店以来変わっていない。この通称〝焼き燗〟が殊のほか美味しく、ついつい飲み過ぎてしまうから困ったもの。

ほの暗い店内には炉辺の席に加え、小上がりもある

　店の基本的な造りは変わっていないが、河瀬さんの代で手を加えた部分も多い。例えばフローリングの床は、廃校になった小学校の体育館の床板を再利用したもの。「新しい物を使う方が簡単ですが、使い込まれた木の温もりがすてがたくて」。また、以前は住居だった2階も、改装して広間にした。もちろん、階段から一枚板のテーブルに至るまで木の風合いが生かされている。河瀬さんは、「10年、20年、30年と歳月を経るごとに、この仕事の楽しさがわかってきました」と微笑む。

　焼き物と酒のうまさもさることながら、この店の本当の魅力は、一見の客も常連も観光客も分け隔てがないこと。河瀬さんが保つ、つかず離れずの心地良いスタンスが、客を虜にするのだ。

カウンターの独り言
囲炉裏に吊るされた巨大な土瓶で、ほど良く焼燗された「國稀」を飲むのが、至福のひととき。

弾む会話を肴に――

古今亭《ここんてい》

通も唸る日本酒の数々を
創意溢れる料理と堪能

生意気盛りの30代は、遅くまで飲んでも仲間と語り足りないことが多かった。そんな時、最後の砦として重宝したのが、いつも深夜まで営業していた「古今亭」だ。当時は星会館（南6西4、後に火事で焼失）地下にあり、店名とは裏腹にモダンな現代風居酒屋という雰囲気。まだ珍しかった納豆オムレツを、初めて食べた店でもある。

通称〝シノさん〟こと店主の篠原慶二さんは、東京生まれの東京育ち。早稲田大学文学部を卒業後、外資系の化粧品会社に就職し、最初の赴任地が札幌だった。冬季オリンピック札幌大会が開催された、昭和47（1972）年春に赴任。「街には〝YOKOSO!〟の看板が溢れていましたね」と当時を振り返る。

店を手伝う札幌出身の妻・京子さんと出会い、会社員も性に合わないことから、赴任4年後には仕事をやめ、最初は南6西5でカウンターのみの居酒屋を開く。「ダイコンおろしとショウガがあれば、あとは魚を焼くだけと簡単に思っていたんです」。ところが、北海道人は魚の鮮度や焼き方にうるさく、考えの甘さを思い知らされる。

そして、昭和53年には星会館へ移転。今も不動

●創業　昭和51（1976）年
●住所　中央区南6西3、ウェスタン会館 地下1階
●電話　011（512）2951
●営業　18時〜翌1時
●休み　日曜
★納豆オムレツ600円
★生ビール500円
★地酒500円〜

お酒が大好きで好奇心旺盛なのが身上、と語る
店主の篠原慶二さん。その人柄を慕う客も多い

の人気を誇る納豆オムレツやヒリヒリソーセージなど、創意工夫に溢れたメニューを開発し、地酒ブームに先駆けて「越乃寒梅」や「八海山」などの銘酒を取り揃えたことで、人気店に成長する。今も、通には垂涎の的である山形の銘酒「十四代」を常備するのは、さすがだ。

店主との会話を楽しみたい方はカウンターへどうぞ

現在地に落ち着いたのは、平成5(1993)年のこと。入口には勘亭流で書かれた店名も鮮やかな提灯が下がり、和風の店内にはカウンターと約20名が座れる小上がりを設備。この店舗にして、ついに店名に命が吹き込まれた感がある。

若い頃は北海道マラソンにも出場したスポーツマンのシノさんは、地元のテレビCMに出演するほどの端正な顔立ち。それだけに、京子さんがやきもちを焼くほどモテたことも……。とはいえ、何といってもこの店は、シノさんの才気溢れる話術が魅力。クイズ番組で優勝し、ワインの知識はソムリエ並みという博学さと、温厚な性格が相まって、年齢性別を問わず会話が弾むのだ。

ともあれ、同じ団塊の世代として、生き馬の眼を抜くススキノで30年以上に渡って店を守り抜いてきたことに、改めて敬意を表したい。

カウンターの独り言
かなり酔っ払ってから立ち寄っていたはずだけれど、納豆オムレツの美味さには感動したもの。

牡蠣専門に30年――

あんぽん

落ち着いた風情の中で味わう
女将が吟味した牡蠣と一品料理

今では通年味わえるようになった牡蠣だが、なんといっても旬は秋。殻つき生牡蠣にカボスを絞り、つるりと口に含めば、海水のしょっぱさと牡蠣の甘みがハーモニーを奏で、思わずニンマリさせられる。あとは、ほど良く燗した日本酒があれば……と、秋の夜長がつい恋しくなってしまう。

「牡蠣のおかげで、何年も店をやらせてもらっています」と謙虚に語るのは、白い割烹着姿が板についた女将の襟川栄子さん。栃木県出身の襟川さんは阿寒湖畔の旅館に嫁ぐが、倒産の憂き目にあい札幌へ。知人の紹介で、もとは焼鳥屋の店舗を居抜きで手に入れ、厚岸産の牡蠣をメインに昭和53(1978)年、店を開いた。ユニークな店名は、前店主がテニスの大ファンで、かつて活躍したフィリピンの名選手アンポンの名を拝借したもの。それを、襟川さんがそのまま引き継いでいる。

当時、札幌の牡蠣専門店はここ一軒だけ。輸送が大変で、木箱入りの牡蠣が産地から夜汽車で運ばれ、苗穂駅の到着にあわせて襟川さんが車を運転して受け取りに行っていた。それを3階の店舗まで運び上げたのだから、女性には重労働だったはず。でも、「旅館は朝から晩まで切れ間なしで

●創業　昭和53(1978)年
●住所　中央区南5西4(仲通り)
●電話　011(551)8877
●営業　17時30分～23時
●休み　日曜、祝日
★生牡蠣(2個)1400円
★ビール(中瓶)700円
★日本酒(北の勝)400円

白い割烹着姿がステキな女将の襟川栄子さん。
立ち振る舞いにも、品の良さが滲み出る

すが、居酒屋は夜だけだからまだ楽。その代わり、仕入れや掃除など何でも自分でやりました」と振り返る。今も中央卸売市場に出向き、魚介類や旬の野菜を自ら吟味して仕入れるという。

牡蠣は生のほかに焼きも用意し、11月に入ると〝幻の牡蠣〟といわれる限定生産の厚岸ブランド「かきえもん」1400円が登場。このほか、ツブ刺やホッケなど一品メニューも各種あり、「國稀」「北の勝」など北海道の地酒も揃える。

天井が高くゆったりとした、カウンターのみの店内

店内はカウンター16席のみ。煙で燻されたよしず張りの天井、磨きこまれ黒光りする一枚板のカウンター、そして店内に凛と張り詰めた空気は、昔のままだ。掃除が行き届いた店内は、古めかしさの中から醸し出される落ち着いた風情が、酒飲みにはたまらない。『居酒屋大全』の著者、太田和彦さんが、札幌の数ある居酒屋の中から、この店を選んで紹介しているのもうなずける。

ところで、後継ぎとして店を手伝っていた娘さんは、訳あって東京へ移住したそう。襟川さんの美しい銀髪を見つめながら、「この名店が、一代限りとなってしまうのか……」と、思わず心の中で呟いてしまった。

カウンターの独り言

南4条通りの1本南、仲通りに面した名前の良く変わるビル3階が店舗。歩道の行灯を目印に！

かあさんが獅子奮迅の活躍——

柳《やなぎ》

酔客の心をほっとさせる
ノスタルジックな雰囲気

かつて、札幌市内の繁華街には、至るところに〝○○会館〟と名づけられた木造2階建ての建物があった。横丁のように小さな飲食店が軒を連ね、ビルにはない親しみやすさが、酔客の心をほっとさせてくれたもの。そして、今なお都心部で健在なのが「4丁目会館」だ。三越札幌店前の交差点から歩いて2分ほどの場所にあり、古めかしい姿が往時を偲ばせる。その階段を上がった2階にあるのが、ここ「柳」。カウンターと小上がりに、テーブル席がひとつのこぢんまりとした店だが、

●創業　昭和54（1979）年
●住所　中央区南1西4、4丁目会館2階
●電話　011（222）0292
●営業　17時30分〜翌1時
●休み　日曜、祝日
★おでん（各種）150円
★生ビール450円
★日本酒（吉の友）330円

壁に貼られた手書きのメニューや湯気を立てるおでんが、ノスタルジックな雰囲気を醸し出す。

喜茂別町出身の店主滝川欣一さんは、洋食のコックを経て独立し、昭和54（1979）年にこの店を開業。北海道陶芸協会の会長だった故下澤土泡さんに陶芸を学んだ滝川さんは、その昔、インタビューした際に、「自分で焼いたグイ飲みで飲む酒はうまい！」と顔をほころばせていたものだ。

ところが、久し振りに訪れてみると、ご主人は不在。店で孤軍奮闘する妻の節子さんによると、現在は病に倒れ療養中という。止むなく節子さんが2代目を継ぎ、「おでんのツユを始め、最初は

病に倒れたご主人の後を見事引き継いだ
2代目の滝川節子さんは、可愛らしい人

見よう見まねでした。でも、失敗を重ねて、ようやく何とかできるようになりましたね」。
なるほど、営業中の節子さんは、炭火でホッケを焼いているかと思えば、次は懐かしい「焼うどん」を炒め、さらには酒を燗するなど八面六臂の働きぶり。カウンター内をスピーディーに動き回るその姿は、眺めていて気持ちがいいほどだ。

4丁目会館の2階奥にある店内には小上がりも

ユニークなのは、おでんの卵が「自分でむきなさい」とばかりに殻つきで出されること。「主人の発案です。卵の表面が固くならず、味も染みて意外といけるんですよ」と節子さん。確かに、自分でひと手間かけるせいもあって、うまさが増したような気が……。また、常連客だけが知るこの店の隠れメニューは、先代から受け継ぐビーフシチュー。今では十八番といえるほど自分のものにした節子さんは、「昔からの常連さんに、主人と同じ味だと言われています」とにっこり。
ご主人が倒れた際も休まなかった節子さんだが、平成19(2007)年には病に伏して3週間ほど休んだことも。でも、「久しぶりにいい休養になりました」と語るように、退院後は元気いっぱい。今宵も、酔客の空腹を満たすため、カウンターの中で獅子奮迅の活躍を見せてくれるはずだ。

カウンターの独り言
2階のトイレは今どき珍しい男女共用。でも、それなりに風情があるから、挑戦してみては？

道内蔵元の銘酒がずらり――

福ちゃん《ふくちゃん》

店主夫妻が地酒と酒肴でもてなす
北海道らしい居酒屋の真骨頂

南4条通りと都通りに挟まれた雑居ビルの地下で、ひっそりと営む「福ちゃん」は、日本酒を愛する人が喜びそうな下町風情溢れる酒場。カウンター11席と7人が座れる小上がりだけの小さな店ながら、釧路の「福司」や増毛の「國稀」など、道内蔵元の銘酒をほとんど取り揃えるのが自慢だ。「業界紙の記者だったお客さんから、『お前の店は特徴がない。せめて道内の地酒でも揃えてみたら』とアドバイスされ、始めたんです」と振り返るのは、店主の福士四十吉《よそきち》さん。

●創業　昭和55（１９８０）年
●住所　中央区南４西5、第1秀高ビル地下1階
●電話　０１１（２２２）０２８１
●営業　17時30分～24時
●休み　日曜
★タラコの玉子巻き６５０円
★生ビール４５０円
★地酒６００円～、燗酒（雪乃花）４００円

美唄出身の福士さんは、昭和55（１９８０）年に脱サラして、4坪の店（南4西6、銀一会館）からスタートした。立ち退きのため現在地へ移転して、既に四半世紀になる。その時から道内の地酒を揃え始め、以来一貫して利き酒用の特製猪口（底に濃紺の輪が2つ入ったもの）で酒を出してきた。また、下味をつけたゴロを詰めて一本丸ごと焼いた「いかごろ焼き」や人気の「タラコの玉子巻き」、さらには梅肉と大葉が絶妙な和のハーモニーを奏でる「大根サンド」など、ひと手間かけた一品料理も豊富で、ますます酒が進んでしまう。

それ以上に、店の雰囲気を醸成してくれるのが、

温厚な人柄が客に慕われる店主の福士四十吉さん。
おきゃんな奥方とのコンビネーションも魅力だ

温厚な人柄の福士さんと、気が強くておきゃんな妻・美保子さんとの組み合わせの妙。「たまには直球ではなく、変化球で喋ってもらいたいもの」と、美保子さんの発言にいつもハラハラさせられる福士さんは苦笑する。

でも、舌鋒は鋭くとも、心根は優しいのが〝北の女〟の特徴だから、これも致し方ないだろう。福士さん手作りの酒肴に舌鼓を打ちながら、道内蔵元が磨き上げた地酒を飲み、「ミホ奥さん」の辛口を楽しむ——。これぞ、北海道らしい居酒屋の真骨頂で、一見の客も気軽に入れるのがいい。

年季の入った店内にはどこか下町の風情が漂う

肝心の地酒だが、ここのところ人気が急上昇しているのが根室の「北の勝」。同じ銘柄でも、時期限定で作られる「純米酒」(10月)や「搾りたて」(1月)などは、いずれも入手するのが難しいそう。でも、この店では地元の酒屋から直接取り寄せることで、しっかり確保している。

ともあれ、店名入りの猪口で飲む地酒は、道産の海の幸をふんだんに盛り込んだ料理との相性も良く、すんなりと何杯でも飲めてしまう。定量を越えてしまうこともしばしばで、私にとって週の前半に訪れるのは危険な店である。

カウンターの独り言
ずらりと地酒が並ぶだけに、何を飲めばいいか迷うほど。まずは好きな名前か産地で選ぼう！

料理の腕は折り紙つき——

味の夜明け 木曽路《きそじ》

●創業　昭和55（１９８０）年
●住所　中央区北5西28、第3福長ビル2階
●電話　０１１（６４４）５９５９
●営業　17時〜24時
●休み　なし
★刺身盛り合わせ２５００円
★生ビール６００円
★日本酒（味酒無限）７００円

日本酒の味を追求する店主が完成させた
この店限定のオリジナル銘酒をお試しあれ

今でこそ、仲間うちでは酒豪とされる私だが、20代の頃は日本酒が苦手だった。赤ちょうちんの暖簾を潜る時に漂う、燗酒特有の匂いが苦手だったのである。ところが、この店で初めて岐阜の銘酒「三千盛」を冷酒で飲み、日本酒に対する偏見が吹き飛んだ。上質な白ワインに似た、辛口ですっきりとした飲み口が素晴らしく、日本酒の美味しさを知って感心させられたもの。

それもそのはず、岐阜県多治見市出身の店主・山田伸夫さんは、郷土の蔵元から樽出しの「三千盛」を、直接取り寄せていたのだ。しかも、半地下に造ったムロで温度管理するなど手間をかけていて、同じ銘柄でもそこらで売っているものとはレベルが違っていた。また、札幌ではどの店よりも早く、日本酒の辛口と甘口をプラス・マイナスで表示。全国の銘酒を月替わりで25種類ほど常備していたので、世に知られた辛口の名酒のほとんどを、私はここで教わった。

山田さんは高校卒業後、茶懐石料理の「辻留」を皮切りに次々と有名店の板場で修業。冬季オリンピックを機に札幌プリンスホテルの和食店に勤め、昭和55（１９８０）年に南3西8で独立した。

岐阜から届く青竹の筒で、ここでしか味わえない
こだわりの日本酒を出す店主の山田伸夫さん

その後、立ち退きのため現在地へ移転している。その腕前は、漫画『美味しんぼ』の原作者である雁屋哲さんもお忍びで訪れるほどで、まさに折り紙つき。私もここで食べた焼きマツタケのうまさが、いまだに忘れられない。

　開店以来、日本酒の味を追求してきた山田さんは、今や独自のブランドを持つ。とある蔵元に依頼し、寿司米の「初霜」を使った純米酒を80年代末に完成させたのだ。ついに巡り合った理想の酒に「味酒無限」と名づけ、現在店で出す日本酒はこれのみ。「「三千盛」は美味しい酒ですが、キレが良過ぎて米のうま味がしない。「味酒無限」はその物足りなさを補う酒です」と胸を張る。

　味見させてもらったが、まず米の甘みが来て、キレの良さがその次、そして重厚さと辛さが後に来る複雑な味わいで、なるほどうまい。それを手作りの竹筒に入れて出すのだが、竹の殺菌力で酒の甘みが増して味がさらにまろやかになるという。もちろん、望来のシャコや山菜の酢味噌和えなど、酒に合う旬のメニューも数多く揃えている。

　店主の思いが込められたオリジナルの日本酒は、二日酔いを覚悟してでも堪能する価値あり、だ。

店内にはテーブル席や個室風の小上がりも用意する

カウンターの独り言

料理も酒も間違いなく美味しいこの店。満喫するなら、懐に余裕のある時を選んで訪れたい。

駅裏の穴場——

晩酌処かんろ《ばんしゃくどころ かんろ》

老いも若きも通い詰めたくなる
低料金でメニュー豊富な大衆酒場

●創業　昭和58（１９８３）年
●住所　北区北8西1
●電話　０１１（７４６）８７７７
●営業　17時～24時
●休み　日曜、祝日
★焼き鳥１１０円～
★生ビール４００円
★日本酒（八海山）３８０円

ＪＲ札幌駅北口から歩いて3分、札幌第一合同庁舎東側にあり、最近では珍しい一戸建ての店構えが目を引く。店内に足を踏み入れて、まず驚かされるのは、焼き鳥からラーメンサラダまで壁一面に短冊で貼り出されたメニューの多さと料金の安さだ。今は裏方に徹する初代の山下雅範さんによると、「低料金のメニューを数多く揃えたのは、サラリーマンが勤め帰りに気楽に飲めるようにと考えたからなんです」。

帯広出身の山下さんが、脱サラをしてこの店を開いたのは昭和58（１９８３）年のこと。資金不足をカバーするため、北見で木材店を営む親戚に木材を分けてもらい、手作りで一軒家を改装した。そのせいか、隙間のある木製の壁や使い込まれて黒光りするカウンターからは、手作りの素朴さが伝わり、アットホームな雰囲気を醸し出す。店内はカウンター10席に4人掛けテーブル2つと、28人が座れる小上がりがあるほか、2階に約30名までの宴会ができる大広間も用意する。

実姉の直子さん、2つ違いの弟・善範さんと一緒に店を仕切るのは、2代目と呼ばれる長男の普也さん。若いだけあって機敏に動き、どんなに混

家族で切り盛りする店で陣頭に立つ、
若き２代目の山下普也さん

み合っていても迅速に注文の品を出すところがすごい。「毎日、お客さんが満足して帰っているか、アルバイトの人も含めてチェックしています」と語るほど、サービス業に徹しているのだ。
　そして、メニューの多さに引けを取らないのが、酒の種類の豊富さ。日本酒と焼酎はいずれも優に

手作りの内装がアットホームな雰囲気を醸し出す

50種類を超え、女性向けにユズやウメ、パインなど自家製の果実酒も各種揃えている。
　ちなみに、オリジナル料理のベスト5は、①かんろ玉子焼き②ジャガベーコン③ぎょうざ④もつ煮込み⑤ラーメンサラダ。玉子焼きに自家製合わせ味噌を添え、ラーメンサラダにはマヨネーズベースのドレッシングを使うなど、いずれも工夫が凝らされ、リピーターが多いのもうなずける。
　私の密かなお気に入りは「ナマコ刺し」。ナマコといえば酢の物が普通だが、ここでは「余りにも鮮度が良いので、酢で締めるのはもったいない」と刺身で出している。ワサビ醤油と酢醤油の2種類が付き、これがなかなかイケる。
「父の時代と違い、若い人も入りやすい店になったようです」と胸を張る普也さん。世代を超え、老いも若きも通い詰めたくなる大衆酒場だ。

カウンターの独り言
再開発進む札幌駅北口に、こんな素敵な酒場が残っているなんて……まさに穴場でしょ！

酔客の心掴む店主の気性――

浜っぺ

はまっぺ

**旬の地物を深夜まで味わえる
都通りの隠れた老舗酒場**

深夜、ゆったりとくつろぎながらお腹を満たしたい時、救いの手を差しのべてくれる店がここ。料亭「都志松」のオーナーがその跡地に建てた、都志松(現トシマツ)ビル1階にある、米田章、美津江夫妻が営むこぢんまりとした居酒屋だ。

思い起こせば、夜も更けてから酒場のママに連れられていったのが最初だった。店内には、短冊に筆文字で書かれたおすすめメニューがずらりと貼り出され、どれを選ぼうかと迷ったもの。季節感を大切に、いち早く旬の地物を仕入れる米田さんだけに、「夏場なら、海水ウニと真イカの刺身がいいですよ」と自信たっぷり。

米田さんは、サッポロビール園の調理部を皮切りに、系列の居酒屋を含め13年ほど修業した後、昭和59(1984)年に独立を果たす。店名の由来は、「浜のつく店名は多いんですが、〃ぺ〃のつくのは見当たらなかったもので。人に好かれる画数、と言われたのも決め手になりました」。確かに、数え切れないほど飲食店を取材してきた私でさえ、日本語で〃ぺ〃のつく店は思いつかない。

今でこそ、にこやかに客と会話を交わす米田さんだが、朝4時まで営業していた開店当初は大変

●創業　昭和59(1884)年
●住所　中央区南4西5、トシマツビル1階
●電話　011(222)5413
●営業　18時～翌1時
●休み　日曜、祝日
★刺身600円～
★生ビール500円
★日本酒(日本盛)350円

明るくさわやかな気性で客の心を掴む
若々しい店主の米田章さん

店内の壁一面に張られた短冊がいい味を出している

だった。「キャリア30年のバーテンダーや高級クラブのママなどが閉店後、隠れ家的に使ってくれました。でも、皆さんプロフェッショナルな方々なので、何か言われるのではといつも怖かったですね」。しかし最近は、「ようやく、仕事が面白くなってきました。会話をする余裕もでき、お客さんの要望に応えてオリジナル料理を創作することもあるんですよ」と笑顔を見せる。

隠れた人気メニューは、接客担当の美津江さんが作る特製お握り。全体をノリで包んだ昔懐かしい真っ黒なタイプで、「あの美味しさは、何なんでしょうかね。私が作っても駄目なんです」と米田さんは苦笑する。また、20周年を迎えた平成16（2004）年には、市内のホテルで祝賀会を開催。常連客を中心に約160人も集まったそうで、いかに愛されてきた店かが良くわかる。

店内は、夏になると江戸風鈴がチリリンと鳴り、日本ならではの風情を醸しだす。「クーラーがないので、夏は冷たいおしぼりと風鈴、団扇の3点セットで乗り切っています」と米田さん。アクの強くないさっぱりとした店主の明るい気性が、酔客の心を掴んで放さないようだ。

カウンターの独り言 米田さんが吟味して選んだ地酒を随時提供する、「浜っぺの隠し酒」600円がここの狙い目。

四季折々の華やぎ演出――

酒庵藍《しゅあんあい》

こだわりの器で味わう
季節感溢れる料理と地酒

桜の季節が近づくと、いつも思い出されるのが「酒庵藍」である。4月も半ばを過ぎると、器からインテリアに至るまで店内丸ごと桜のイメージに染まり、料理は桜鯛の刺身や桜エビの天ぷらなど桜づくし。日本酒も名前に桜のついた、四季桜などの地酒を用意するユニークな店なのだ。

「器って日常的に使わないと、なんだか白々しいですよね。使って割れるのは気になりません」と語るのは、店主の米山千恵子さん。主婦だった米山さんは、料理好きが高じたのと趣味で集めた和食器を生かすため、昭和60(1985)年にこの店を開いた。「お酒は一滴も飲めないんです」という女性が、経験もなしにいきなり酒場を開いてしまうとは、なんとも豪胆である。さらに60歳を前にして、電車通り沿いにあった店舗を、住宅街の一角に移転。そんな冒険を難なくクリアして、10年以上も現在地で店を構えているのだから、〝北の女〟を絵に描いたような度胸の良さだ。

それにしても贅沢な店内である。入口すぐ横の窓越しには、大甕に大胆なアレンジで桃色の椿とこぶしの花が生けられ、一幅の絵のよう。「4月1日の誕生日にいただいたので、大甕に生けてみ

●創業　昭和60(1985)年
●住所　中央区南5西18
●電話　011(551)9044
●営業　17時～23時
●休み　木曜
★ゆり根まんじゅう750円
★生ビール650円
★日本酒(八海山純米吟醸)850円

「割れるのは気にならない」と、自ら蒐集した器を
惜しげもなく使う店主の米山千恵子さん

たんです。椿を咲かせるのは難しいんですが、うまく咲いてくれました」とうれしそうな米山さん。カウンターやテーブルの上には、魯山人風の凝った箸置きや高価な京焼きの灰皿が置かれ、料理用には道内作家の中でも人気の高い柴山勝さんの作品が、当然のように使われている。このほか、伊万里や美濃焼きなどあらゆる陶磁器が揃う。

ゆったり過ごせる、天井が高く開放的な小上がり

樺太（サハリン）で割烹料理店を営んでいた実家に育ち、幼い頃から器に慣れ親しむ環境だったとはいえ、そのコレクションはお見事。ましてや、破損した器を漆や接着剤で修復し、その上に漆を塗って金を蒔《ま》く〝金継ぎ〟の技法を勉強し、自分で補修しているというから、徹底している。

ところで、「私の意見は入っていません」という米山さんの言葉が意外なほど、大胆に設計された店内には、カウンターのほかに40人余りが座れるゆったりとした小上がりを設備。そして、冬場を除けば、店内は米山さん自ら山で摘んできた四季折々の花で飾られ、まるで舞台のような華やぎが香る。それを眺めながら、心のこもった手料理と開店時から豊富に取り揃える地酒を味わえば、優雅なひとときを過ごせること請け合いだ。

カウンターの独り言
雛祭りの飾りつけや秋の紅葉などで、都会人が忘れがちな季節感を思い出させてくれる店です。

上質な地酒と技ありの酒肴――

味百仙《あじひゃくせん》

札幌駅北口で20余年続く
日本酒党にはこたえられない店

今でこそビルが林立するＪＲ札幌駅北口だが、「30年ほど前は、マッチ一本で焼け野原になるような木造家屋ばかりが並んでいましたね」と振り返るのは、「味百仙」店主の長島実さん。そういえば、当時はこの店近くの線路に通称〝岡橋〟と呼ばれる大きな陸橋が架かり、ラッシュ時にはいつも市電が渋滞に巻き込まれて往生したものだ。

岩見沢出身の長島さんが、ススキノでの板前修業を経て、岡橋そばのこの地で開業したのは昭和60（１９８５）年のこと。今でこそ、『居酒屋大全』で知られる太田和彦さんの著書にも登場する名店へと成長しているが、当初は閑古鳥が鳴いていた。「どうしたら、お客さんに喜んでもらえるのか」と長島さんは悩んだ末、全国の地酒を揃えることを決めたそうだ。ご自身は下戸に近いというから、思い切った決断といえる。

その後、飲食店の仲間と「北海道にて蔵元を囲む会」を主宰して、15年以上が経つ。店内の壁には、札に書かれた約30種類（ストックは約２００種類）の地酒の名が貼り出されている。その中から、見慣れない酒「飛露喜」（福島）を見つけた。長島さんにうかがうと、「東京では〝十四代〟並みに

●創業　昭和60（１９８５）年
●住所　中央区北7西4、宮澤鋼管ビル地下1階
●電話　０１１（７１６）１０００
●営業　17時～24時（日・祝の前日は～23時）
●休み　日曜、祝日
★刺身盛り合わせ２０００円
★生ビール５５０円
★日本酒（飛露喜）４００円～

確かな腕を持つ店主の長島実さん。
飄々とした人柄が笑顔ににじみ出る

人気のある日本酒で、札幌でも火がつき始めていますよ」と教えてくれた。早速味見をすると、まろやかで切れが良く、すいすいと飲める。

こうした上質な地酒を揃える上、ほど良い塩味が病みつきになる自家製の塩ウニ、濃厚な旨みが凝縮された牡蠣とカニの内子のオイル漬けなど、板場で鍛え上げた技が光る酒肴が、ずらりとメニューに並ぶ。まさに、日本酒党にはこたえられない店なのだ。「俺の店は高いぞ！」とさりげなく語る長島さんだが、内容で勝負するだけあって、素材の良さと腕の確かさには太鼓判を押せる。

小上がりを中心にテーブル席やカウンターも設備

ところで、かつて住み込みで修業していた長島さんは、コツコツ貯めた金でオーストラリアを旅しようと思っていた。師匠の反対でその夢は果たせなかったが、代わりに「ススキノから岩見沢の実家までタクシーで帰る」という夢を実現したという。でも、初乗り90円の時代に1万円余りも使い、母親からこっぴどく叱られたとか。

そんな飄々とした店主の人柄と、吟味された日本酒、そして腕によりをかけた一品があれば、必ずや楽しい一夜を過ごせるはずだ。私としては、飲み過ぎだけが心配だけれど……。

カウンターの独り言
道内外の作家を問わず陶磁器収集が趣味の店主。店で使う器も逸品ぞろいで、目でも楽しめる。

幅広い客層が集う――

酒房《しゅぼう》かまえ《かまえ》

かつてススキノで人気店を生んだ
俳優としても活躍するマスター

「酒房かまえ」のマスターこと店主の桝田徳寿《とくひさ》さんに初めて出会った客の多くが、どこかで見た顔だと思うはず。それもそのはずで、映画やテレビドラマ、CMなどで活躍する現役の俳優なのだ。

九州の大分県蒲江町《かまえちょう》（現佐伯市蒲江）出身の桝田さんは、「僕の時代のスターはやっぱり石原裕次郎ですよ」と語る。彼に憧れて、高校卒業後は役者の道を選び、東京で新劇の「集団劇場」に所属して、稽古に励んだ。

しかし、冬季オリンピックを見るため、昭和47（1972）年に札幌を訪れたところ、雪の美しさに魅せられ即座に移住を決意。同年、ポプラビル（南6西4）にスナック「ディズニー」を開店する。当初はじゅうたんバーだったが、3年後には店内の中央にブランコを設置するなど、ユニークな店として評判を呼ぶようになる。そして、生意気盛りの若者を始め、作家、映画監督、ギタリストなど、様々な人種が出入りする、文化サロンのような酒場となっていく。私も20代から通い詰め、仲間と激論を戦わせるうちに、気がつくと夜が明けていたことも度々だった。

しかし、桝田さんは40歳を機に一念発起。再び

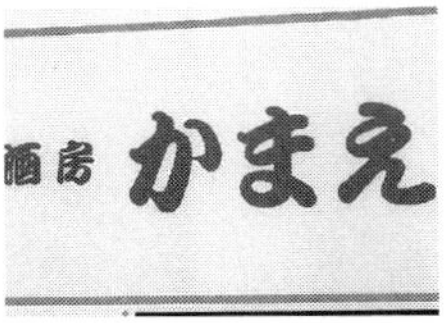

●創業　平成16（2004）年
●住所　中央区南4西5　つむぎビル4階
●電話　011（271）7600
●営業　17時～翌1時
●休み　日曜、祝日
★チャージ500円
★一夜干し400円～
★生ビール450円、泡盛（瑞穂）400円

テレビ CM などで顔を見る機会も多い、
俳優としても活躍するマスターの桝田徳寿さん

俳優の道を目指し、店をたたんで上京する。大島渚監督「戦場のメリークリスマス」、森田芳光監督「キッチン」、黒澤明監督「まあだだよ」など、大作を含む数々の映画に出演を続けた。

そんな彼が札幌へ戻ったのは、平成14（2002）年のこと。故郷である豊後《ぶんご》水道（大分県と四国の愛媛県に挟まれた海峡）で獲れた魚の一夜干しと、九州産の焼酎や泡盛をメインに、平成16年に開いたのがこの店である。店内はカウンターに加え、テーブル席や小上がりを設備。中でも、ススキノ大通り（南4条通り）に面したテーブル席は、窓越しにニワウルシの巨木が眺められる特等席だ。

こぢんまりとした店ながら、小上がりも用意する

時折り聞こえる電車の警笛をBGMに、春には目に染みる新緑を愛で、冬は冬で巨木に咲いた雪の華が目を和ませてくれる。若い頃には、売られたケンカを買いまくっていた気性の激しい私が、そんな大人しい飲み方ができるようになったとは、恐れ入谷の鬼子母神である。

ともあれ、ディズニー時代の常連客はもとより、映画や演劇関係、マスコミ関係者など、今も幅広い客層が集うこの店。俳優らしからぬ、飾り気のない桝田さんの人柄を慕う客も多い。

カウンターの独り言　老舗しか紹介しないはずが、ススキノで一時代を築いた店主の復帰を書かずにいられなかった。

酔いどれ番外地②

憧れのハイボール

ハイボールには、間に合わなかった世代である。昭和36(1961)年、〝トリスを飲んでハワイへ行こう〟キャンペーンが日本中を席巻。まだ小学生だった私には、トリスがウイスキーのことだとはわからなかったけれど、テレビCMで活躍したアンクルトリスのキャラクターは強烈だった。

後に壽屋(現サントリー)宣伝課に所属していた開高健、酒井睦雄、イラストレーターの柳原良平による小さな会議から生まれたことを知る。また、敬愛する作家の山口瞳さんもそこに在籍し、このキャンペーンを手伝っていたのである。

昭和30年代前半、サラリーマン憩いの場は、壽屋が直営するトリスバーだったという。トリスのハイボールは「トリハイ」または「Tハイ」と呼ばれ、絶大なる人気を博した。私の世代は、酒場のカウンターに安酒のボトルと水、氷がどんと置かれ、自分で作って飲むのが当たり前。それだけに、バーテンダーが作ってくれるハイボール、それもベースがトリスであることに憧れたものだ。

そのトリハイを初めて飲んだのは、酒飲みの先達に東京のサントリーケラーでご馳走になった、1990年代初頭のこと。安酒特有の舌がピリリとする味わいが良く、心に残る一杯だった――。

そんなこともあり、山口瞳さんが亡くなった平成7(1995)年8月30日、トリスのハイボールを飲んで追悼しようと、札幌のサントリーケラーに行ったところ、さすがにトリスは置いていなかった。仕方なく角サンで作ってもらうと、ちょっとソフトな味だったが、何杯もお代わりしたことを覚えている。以来、ウイスキーはもとより、ラムや焼酎のハイボールも大好きになった。

これは後で知ったことだが、平成15年にトリスの新製品が発売され、それにあわせてアンクルトリスの登場するCMが22年ぶりに復活したとか。格差社会の昨今だから、値段の手頃なトリスのハイボールが、再び受ける時代が到来するかもしれない、と密かに思っている。

販促用のノベルティだったアンクルトリスの爪楊枝立て。木製は稀少品
撮影協力＝カバシマヤ

Ⅳ・

流れるメロディー、弾けるリズム——
白熱のライブ演奏でプロが競う
夜更けのエンターテイメント空間

音楽酒場

ネオン街の歴史を彩る——

ジョージの城《じょーじのしろ》

ススキノで一世を風靡した音楽酒場の偉大なる先達

ライブハウスが札幌でまだ市民権を得ていない70年代初め、ボンゴとマラカスのリズムが鳴り響く「ジョージの城」の人気ぶりは凄まじかった。ヒット曲「愛のきずな」の人気歌手・安倍律子(現・里律子)さんを輩出したことでも知られ、オーナーのジョージ広田こと広田憲親さんの下、歌のレッスンに励む若いスタッフが何人も働いていた。でも、酒飲みの先達に連れられていった私は、生演奏よりも初めて飲んだスコッチ「オールド・パー」のうまさに、気を取られた記憶がある。

それはともかく、留萌生まれの広田さんは、札幌西高を経て明治大学に入り、卒業後は父親の会社に勤めながらNHKラジオに専属コーラスとして出演。その後、NHKオールスターズの専属歌手として活躍し、昭和39(1964)年にこの店をオープンさせる。広田さんによると、「歌手やタレントがウエートレスをする音楽酒場は、全国でも初めてでした」。歌の勉強で店に出ているウエートレスたちを触る客が絶えず、張り飛ばしたこともあるという。その甲斐あって、「この店では行儀良くしなければならないという〝規則〟に、お客さんが慣れてくれましたね」と回想する。

●創業　昭和39(1964)年
●住所　中央区南3西2、KT三条ビル地下1階
●電話　011(251)8396
●営業　18時～24時30分
●休み　日曜
★チャージ　男性3000円、女性2000円
★ドリンク600円～

メキシコのカウボーイハットで粋に決めたジョージ
広田さん。写真奥は２代目のジョージ佐藤さん

ヨーロッパ調の豪華なインテリアはムードたっぷり

ところが、広田さん自身はススキノで〝千人斬り〟と呼ばれたほどの遊び人。後に芸能界に入る愛娘の広田玲央奈(現・レオナ)さんに、「ススキノには悪い人がいるので気をつけなさい、と注意してくれた人が、例に挙げた名前がお父さんだった」と呆れられたことも。それに対し、「その頃、僕の歌は3曲も聞くとまじめすぎて息が詰まるといわれましてね。遊ばなきゃ駄目だといわれ、発奮して実行していたんです」と広田さんは苦笑する。

その後、店は移転を繰り返し、平成10(1998)年に現在地へ落ち着いた。かつて、高級喫茶「ブルーシャトー」だった店舗には、ヨーロッパ調の豪華なインテリアがそのまま残る。が、天井のミラーボールと真紅のボンゴが演出するラテンのムードは、この店ならではのもの。

ともあれ、ここから育った人は、作曲家の浜圭介さん、ジャズ歌手の黒岩静枝さんなど数え切れない。文字通り、一世を風靡した店なのである。平成18年春に大病を患った広田さんだが、今ではすっかり回復し、支配人で2代目のジョージ佐藤さんとともにステージに立つ。ここはまさしく、ネオン街ススキノの歴史を彩る音楽酒場だ。

カウンターの独り言 出自が九州の名家という広田さんだけに、会話の随所に育ちの良さが垣間見えるんだなぁ。

日本最古のシャンソニエ――

銀巴里《ぎんぱり》

歳月の重み感じさせる店内で
人生を語る上質なシャンソンを

黒いグランドピアノを囲むように設えられた円形のカウンター、きらめくシャンデリアの光、そして黒いドレスの歌姫たち――。今や日本最古のシャンソニエとなった「銀巴里」だが、漂う雰囲気は昔とほとんど変わっていない。歳月の重みを感じさせる品の良いインテリアが、大人の世界のムードをさらに助長している。

「銀座へパリの空気を持ってきたから銀巴里なんですね。でも、札幌にパリでは〝サッパリ〟になるので、暖簾分けの形で名前をもらいました」。

●創業　昭和42(1967)年
●住所　中央区南5西3、五條ビル地下1階
●電話　011(511)8061
●営業　19時~23時30分
●休み　日曜、祝日
★チャージチャーム3500円
★ドリンク730円~
★ボトル8400円~

そう冗談交じりに語るのは、オーナー店主の浅川浩二さん。黒いチョッキに蝶ネクタイでぴしっと決めた浅川との会話は、さすが粋で楽しい。

札幌生まれの札幌育ちという浅川さんは、日本大学法学部に在学中、伯父が東京・銀座の「銀巴里」で総支配人を務めていた関係で、店を手伝うようになる。そこで、石井好子さんや芦野宏さんなどのシャンソン歌手を始め、各界の著名人と交流を深めた。「画家の岡本太郎さんもみえて、2曲ほど歌われました。原語の上、あまりにも上手いので驚かされましたね」と浅川さんは懐かしむ。

その後、札幌に戻り、昭和42(1967)年にこ

体力には限りがあるので、と言いながらも
頑張り続けるオーナー店主の浅川浩二さん

のシャンソニエを開業。当時は札幌にシャンソン歌手がいなかったため、東京から美輪明宏、金子由香利、故岸洋子など日本を代表する歌手を招き、定員50人の店がいつも満席になったという。

　折しも歓楽街ススキノは、昭和47年の札幌冬季オリンピックに向けて急成長中だった。「当時、ススキノの大型ビルは、五條ビルとグリーンビル、南興ビルぐらいしかなかったんです。やがて、続々と建っていきましたが……」と浅川さん。時代の勢いに乗り、創成川沿いのビルに同名の喫茶レストランを出したこともあった。

大人のムードを醸し出す品の良いインテリア

　しかし、バブル崩壊後の平成2（1990）年、東京の銀巴里が閉店。不況はこの街にも押し寄せたが、浅川さんはなんとか踏みこたえた。「これほど儲からない店は、シャンソンが好きでなければできませんよ」と語りながら、銀巴里の灯をともし続けて既に40年以上になる。

　久しぶりにステージを聴いた。東京からのゲストはもとより、3人いる在札の専属歌手たちが、洒脱な会話とベテランらしい軽やかな歌いぶりで客席を魅了。改めて、シャンソンが人生を語る歌であることを痛感させられた。トレビアン！

カウンターの独り言
思い起こせば70年代、作家の倉本聰さんがお気に入りの店で、ご一緒したこともありました。

老舗の看板受け継いで――

ソワレ・ド・パリ

**オーナー兼業で奮闘する
プロシンガーのシャンソンバー**

シャンソン好きの先輩に連れられて、初めて訪れたシャンソンバーが、当時は第1グリーンビル(南4西3)にあった「ソワレ・ド・パリ」である。まばゆいばかりのライトに照らされ、黒服の女性がダミア風に歌う「暗い日曜日」を始め、「枯葉」「詩人の魂」などシャンソンの名曲に圧倒されたものだ。当時の私はTシャツにジーパン姿の若造で、歌詞の意味を良く理解はできなかったが、人生について語られる大人の歌であることはわかった。

そんなシャンソンが生で聞けるこの店は、居酒屋「いろはにほへと」の創始者菊地日出男さんが、昭和44(1969)年のグリーンビル新館(現第2)完成と同時に創業。以来、多くのファンに愛されてきたが、昭和61年に看板歌手の神山慶子さんが経営を引き継ぎ、平成12(2000)年に現在地へ移転している。店内は以前に比べてこぢんまりとしたが、大型テーブルとボックス席を合わせると40人ほどが座れ、ライブには充分の広さだ。

オーナー兼シンガーとして活躍する神山さんは、札幌大谷短大在学中、アルバイトでジャズピアノを弾いたことをきっかけにプロの世界へ。ソウルやフォークの要素も取り入れたジャズ歌手、ニー

●創業　昭和44(1969)年
●住所　中央区南3西4、南3西4ビル8階
●電話　011(222)6677
●営業　19時～翌1時
●休み　日曜、祝日
★チャージ3675円(サービス料15%)
★カクテル840円～
★ボトル(竹鶴12年ほか)7350円～

野性的ともいえるハスキーな声が魅力の
プロシンガーでオーナーの神山慶子さん

ナ・シモンの大ファンだったこともあり、ジャンルの枠を超えた幅広いレパートリーが持ち味だ。
　若き日には、東京の音楽プロダクションにスカウトされ、ロックシンガーとしてロンドンでデビューする予定だった神山さん。東京で2年ほど修業したが、「向こうの求めているものと、私が求めているものが違ったんです。母が病に倒れたこともあり、結局札幌へ戻りました」。帰札後は「ソワレ・ド・パリ」をメインに、ススキノのライブハウスを4、5軒掛け持ちし、夜明けまで歌い続けたという。こうして鍛えた歌唱力と度胸があるからこそ、人々に深い感動を与えられるのだろう。

こぢんまりとしている分、歌う姿が間近に見られる店内

　レースの黒いドレス姿に、胸元と腕に飾られたバリ島製の淡いピンクのビーズアクセサリーが良く似合う神山さん。毎夜9時から3回のステージをピアノの弾き語りでこなしながら、コンサートはもとより歌の個人レッスンまで行うなど、信じられないほど精力的に活動する。
　同世代のプロシンガーが、自ら営むライブハウスを相次いで閉めるなか、経営者でありながら息長く歌い続ける彼女。その奮闘ぶりに、心から拍手を送りたい。

カウンターの独り言 神山さんのピアノと歌を初めて聴いたのは、第1グリーンビルの「バー・サン」(p178)でした。

70年代の匂いが充満——

チャックベリー

過ぎ去った青春時代が甦る
かつてのバンド仲間で営む酒場

開店から優に四半世紀を超える「チャックベリー」は、かつて地元バンド「ソウルパワー」でドラムスを務めた、阿部民雄さんが営むライブハウス。その名を聞いてピンとこない人は、1970年代初めに一世を風靡した、ススキノのディスコ「MAX」で活躍したあのパワフルなバンド、といえば思い出すだろうか。

懐かしい70年代の匂いが充満する店内に足を踏み入れると、まず目に入るのはエレキギターの形をした可愛い椅子と、ギターのネックを模したカウンター。「知り合いの家具職人に、楽器の形をした家具を作るのが好きな奴がいてね。ロッド・スチュワートや松山千春など5人のミュージシャンに椅子をプレゼントしましたが、どの人にも喜ばれましたよ」と、阿部さんは胸を張る。

そしてステージタイムには、阿部さんの軽快なドラムとともに、スタッフが弾くエレキギターやベースで、加山雄三やベンチャーズの曲が演奏される。まさしく〝青春デンデケデケデケ〟が響き渡る店内で、私と同じ団塊世代と思われる白髪交じりの常連客が、拍手を送る姿を眺めていると、過ぎ去った青春時代が甦ってくるようだ。

●創業　昭和55（1980）年
●住所　中央区南4西4、すずらんビル別館4階
●電話　011（231）9782
●営業　17時～翌2時
●休み　第1、2、3水曜休
★チャージ・チャーム2400円
★ドリンク700円～
★ボトル（焼酎）4000円～

ステージタイムには、店主の阿部民雄さんが
情熱的にドラムをたたく姿を見られる

カウンターとテーブル席のみの店内には、どこか懐かしさが

客層は30代から60代までのサラリーマンが大半を占める。最近は、買ったばかりのエレキを持って来店する人も多いとか。「昔、エレキは20万円ぐらいして、普通の人は手が出なかった。でも、今は小遣いを倹約すれば買えますからね」。

旭川出身の阿部さんは、デビュー前の「安全地帯」をレッスンし、ARBの石橋凌を応援するなど、ミュージシャンとの交友関係も幅広い。しかし、この店がこれほど長く続いたのは、それだけが理由ではない。店主を含めた、男性スタッフの結束の固さがあったからこそだろう。かつてボーカルで活躍した佐々木啓さんと阿部さんは、創業時から苦楽をともにした仲。ギターの小林弘明さんとは25年以上、ベースの山田正さんとは10年ほどの付き合いになる。夫婦や親友ですら長く付き合うのが難しい時代に、これは信じ難いことだ。

　でも、その疑問は、阿部さんのドラムソロを聞くと、瞬時に氷解する。温かみがありながらセクシーで、時に情熱がほとばしるそのプレイは、見る者を惹きつける。テクニックの確かさはもとより、男も女も惚れ込む彼の人間的な魅力こそが、この店の〝ソウルパワー〟のようだ。

カウンターの独り言

ディスコが隆盛な時代、踊りの上手な人はとても尊敬されたもの。私はといえば……。

明るく清潔感にあふれる――

ミュージックパブ

は〜もに〜

スタッフの演奏をバックに本格的なステージを満喫

取材に訪れた夏場は、若い女性スタッフが素敵な花柄のブラウスをまとって客席の間を闊歩。華やかなざわめきに包まれた店内は、実に健康的で明るい。「当初は15坪でしたが、5年目に隣の居酒屋が空いたので広げ、今は25坪あります」とオーナーでピアニストの岩崎和子さんは語る。

昭和58（1983）年開業の「は〜もに〜」は、オープンから四半世紀を超える音楽パブの老舗。50人余りを収容できる大きな店だが、連日のように満員となり、客がエレベーターまで列をなすこともしばしばとか。不景気が続くススキノで、これほど人気を博している店も珍しい。

深川出身の岩崎さんは、札幌大谷短大音楽科在学中に、大型キャバレーの「ユニバース」や「ワールド」などでピアノを弾くアルバイトを始める。やがて、「ジョージの城」（p102）を営むジョージ広田さんにスカウトされ、店はもとよりホテルの結婚式やパーティーなどで演奏。その数は、年間250本を超えたというからすごい。独立して店を開いた後も、NHKのど自慢の専属伴奏者を務めるなど八面六臂の活躍で、「最近も、気がつくと3週間も休みなしなんですよ」と本人

●創業　昭和58（1983）年
●住所　中央区南4西3、ニュー北星ビル7階
●電話　011（251）6311
●営業　19時〜翌1時
●休み　日曜、祝日
★チャーム　男性3200円、女性2600円
★ビール750円

優しい人柄がピアノの演奏にもにじみ出る
オーナーでピアニストの岩崎和子さん

が苦笑するほど。根っからの仕事人間のようだ。
店のスタッフは、社員、アルバイトを合わせて11人。それぞれギターやキーボードなどの楽器を担当し、ボーカリストのなかにはプロを目指す人もいる。そうしたスタッフを、レッスンして育てるのも岩崎さんの仕事だ。「私は表に出ないようにしています」と語るものの、いざ本番となればコンダクターの役割を果たすのだろう。

ステージを囲むようにテーブル席が配されている

ステージは20時30分から深夜までの計3回で、実力派の女性バイオリニストやソウル歌手などがレギュラー出演するほか、若手スタッフにも歌の上手な人が多い。演奏中は和気あいあいとしたムードが漂い、時には客が飛び入りすることも。この日のステージで、岩崎さんはアラン・ドロン主演の映画「太陽がいっぱい」のテーマ曲を、譜面なしで披露。「たまたま深夜放送で見たばかりだったから」と岩崎さんはこともなげにいう。

そのたおやかな指先から、ある時はダイナミックに、またある時は繊細な音色が生まれ、聞いているうちについ浮き浮きしてしまうから不思議だ。ひと度、グランドピアノに向えば、客の心をしっかり掴んで離さない彼女の技量に、「さすがプロフェッショナル！」と感服させられた。

カウンターの独り言 ここは、店もスタッフも明るくて清潔感に溢れている。そこがまた、魅力なんだろうなあ。

ジャズ専門に四半世紀――

DAY BY DAY

ディ・バイ・ディ

ジャズの魅力を伝え続けるススキノの〝ジャズ道場〟

札幌では数少ないジャズ専門の酒場「デイ・バイ・デイ」は、ジャズシンガーの黒岩静枝さんが営む店。優に50人は入れる広々とした店内の壁面は、ジョージ川口や渡辺貞夫など無数のジャズミュージシャンのサインで埋まり、まるで絵画のよう。黒岩さんの幅広い交友関係が窺える。

愛称スージーで知られる黒岩さんは、高校卒業後すぐに、開店して間もない「ジョージの城」（p102）でレッスン生として働く。やがて東京の音楽家ドン・カミヤさんにスカウトされ、ベトナム戦争の最中、戦地に2カ月ほど滞在して米軍キャンプを慰問する。それが、彼女の人生観を一変させた。「安全に生きているだけで幸せなことがわかり、モノや金に対する執着心がなくなりましたね」。この時、静枝という名がアメリカ人に発音しづらく、似た英名としてスージーと呼ばれたことから、今の愛称が生まれたという。

その後、東京生活を経て札幌にUターン。団塊世代には懐かしいナイトクラブ「コンコルド93」で、専属ボーカリストを12年間に渡り務めた。その日本人離れした声量とダイナミックな歌唱力が人気を呼び、ホテルのスカイラウンジやクラブな

●創業　昭和58（1983）年
●住所　中央区南5西2、中銀ビル地下1階
●電話　011（521）6635
●営業　19時〜翌1時30分
●休み　日曜
★チャージ3150円
★ドリンク525円〜
★ボトル（アーリータイムズ）6500円

ジャズで人々の魂を激しく揺さぶってきた
オーナー兼ジャズシンガーの黒岩静枝さん

どもかけ持ちしていたほど。「一晩に50曲歌ったこともあります」とさりげなく語るが、そのパワフルさは想像を絶する。
　昭和56(1981)年には単身ロスへ渡り、1年半の音楽修業にチャレンジ。そして、帰国後の昭和58年にこの店をオープンさせた。バブル景気の最中だったこともあり、キープするボトルは300本を数え、ジャズと酒をこよなく愛する客が、連日のように足を運んでくれたという。

ピアノの周りのカウンター席は、ライブの特等席

　しかし、バブル崩壊後のススキノは厳しい時代に。とりわけ、出演料や著作権料の支払いが必要な音楽酒場の経営は、並大抵のことではないようだ。だが、黒岩さんは「音楽に限らず、文化は育つ人と育てる人がいないと駄目」と言い切る。店を〝道場〟に、コンサートで全国を飛び回る傍ら、全道の中学・高校を訪ねて若い世代にジャズの魅力を伝える活動を続けている。
　話をうかがっているだけで、人を包み込む優しさが伝わってくる黒岩さん。大病を患ってからは、「60歳までは人生リハーサル」と達観したという。その60歳を無事に超え、円熟期を迎えようとする黒岩さんと「デイ・バイ・デイ」にとって、いよいよ本番が始まろうとしている。

カウンターの独り言
この店の存在が、ジャズを愛する人々にとって、永遠の〝道場〟であり続けることを切に願う。

漂うキューバの香り――

HABANA

ハバナ

現地の空気をそのまま再現！
音楽酒場の達人が行き着いた楽園

　身も心も凍てつく寒い夜に、カリブ海の音楽に身を委ね、ふと飲みたくなるのがホットラム。銘酒「バカルディ」のホットに、添えられたシナモンとレモンを加えて飲めば、寒さも吹き飛ぶ陽気な気分になれるはずだ。そんなラムの飲み方を初めて教えてくれたのが、狸小路6丁目にあるキューバ料理の専門店「HABANA」である。

　店主の梶原信幸さんは、かつて伝説のブルース喫茶「神経質な鶏」(昭和59年閉店)を営んでいた、札幌では良く知られる音楽プロデューサー。昭和

●創業　平成7(1995)年
●住所　中央区南3西6(狸小路6丁目)
●電話　011(219)8870
●営業　18時〜翌3時
●休み　なし
★キューバセット1200円
★ドリンク450円〜
★ボトル(ラム)5500円〜

58(1983)年開店の「ベッシー」を皮切りに、「ミスジャメイカ」「ウー！マンボ」などの音楽酒場を開き、昭和60年には本格的なライブハウス「ベッシーホール」も誕生させている。と同時に、多くの新人アーティストも育ててきた。以前、ロック歌手の大黒摩季が故郷の札幌でコンサートを行った際に、「高校生の頃からお世話になった、ベッシーホールのオーナーに感謝します」と、観客に語ったというエピソードもあるほどだ。

　そんな梶原さんがそれまでの飲食店を整理し、平成7(1995)年に開いたのが、ここ「HABANA」。狸小路に面した入口から急な階段を上

人気のラムカクテルを作る店主の梶原信幸さん。
札幌の音楽シーンでは良く知られる存在だ

がると、2階にはL字形や段違いなど3タイプを組み合わせたカウンターが横一列に並ぶ。そして、いつも笑顔で出迎えてくれるのが、キューバ人シェフのマリオさん。現地の日本大使館で料理長を務めていたが、梶原さんにスカウトされ、札幌に移住して20年近くなる。「彼は永久ビザを取ったんですよ」と梶原さんはこともなげにいうが、そこに至るまでは大変だったはずだ。

段違いなど３タイプを組み合わせた２階カウンター

　そんなマリオさんが腕をふるうキューバ料理は、ローストポーク、黒豆飯、揚げバナナ、サラダが味わえる「キューバセット」を筆頭に、本場そのままの味が自慢。狸小路を見下ろすテーブル席もあり、バナナチップスをつまみに、ラムのストレートやカクテルを飲むのも乙だ。また、テーブル席に約40人を収容する3階は、定期的に開くサルサパーティーの時には、ダンスホールに早変わり。梶原さんの音楽魂が炸裂し、「ここは本当に札幌？」と思うほどカリブの空気が充満する。

　膨大なレコードコレクションを収蔵するため、専用の部屋を借りているという梶原さん。平成19年暮れには、同じ狸小路6丁目アーケード内にそのコレクションが聴ける姉妹店「BETTY《ベティ》」を出し、今なお音楽にかける思いは熱い。

カウンターの独り言
数々の名店を手掛けた店主に敬意を表し、創業20年に満たないこの店をあえて紹介しました。

V. カクテルバー

夜の帳が下りる頃
今宵も一杯のカクテルから
聖なる酒場のドラマが始まる

老舗中の老舗——

カクテルパブ にせこ羊蹄《ようてい》

幾たびかの火事を乗り越え
ススキノの戦後を生き抜いた店

「2度も火事に遭い、焼け残ったのは小樽の張碓から運んだ岩ぐらいのもの」と語るのは、今も現役でシェーカーを振る2代目店主の加藤三千代さん。平成5(1993)年に病気で亡くなった夫で初代の正一さんの遺志を継ぎ、息子の譲二さんと店を守る。といっても気負いはなく、営業時間は午後8時から4時間と短い。「以前は午後9時から開け、土・日曜と祝日は休みでした。でも、古くからのお客さんに叱られ、これでも長くしたんですよ」と譲二さんは苦笑い。とはいえ、「おふくろの歳では限界があって……」と母親を気遣う。

この店の歴史は古く、創業は昭和27(1952)年のこと。上川出身の初代は、帯広畜産大学を卒業後、獣医師となる。しかし、訳あって札幌へ出て、英語が流暢だったことから、戦後間もない混乱期に進駐軍の兵士たちと親しくなる。そして、独学でカクテルをマスターし、現在地で「国際バージョージ」を開いたのが始まりだ。

「周辺には割烹料理店や果物屋などしかなく、バーはうちだけでした」と三千代さん。その店が瞬く間に人気を呼び、次は3階建ての店舗を新築する。1階はバー「羊蹄」、2階は華やかなクラ

●創業　昭和27(1952)年
●住所　中央区南5西4(ライラック通り)
●電話　011(531)6650
●営業　20時〜24時
●休み　日曜、祝日
★チャージ1000円
★カクテル全種800円

頭にバンダナを巻いてシェーカーを振る２代目
店主の加藤三千代さんは、まだまだ若々しい

ブ「にせこ」、地下にはスナック「ロッジ」を開き、3階を住居にしたという。隆盛時、クラブ「にせこ」にはホステスさんが実に40人もいた。三千代さんがピアノを弾き、先代が指揮を執って「にせこ女声合唱団」を結成したこともあったとか。

しかし、昭和43年に火災に見舞われ、改装すると同時にクラブ「にせこ」とバー「羊蹄」を一体化し、「にせこ羊蹄」で再出発。創業から通算すると半世紀を優に超える、札幌のカクテル界ではまさに老舗中の老舗なのだ。

山が好きだった先代ならではの山小屋風のインテリア

昭和60年にも再び火事に遭うが、その苦難を乗り越えて今に至っている。ボトルの並ぶ棚には、「氷河」「羊蹄」など山の好きだった先代が編み出した30種類ものオリジナルカクテルが貼り出され、山小屋風の店内奥には、いくたびかの火災をくぐり抜けた創業来の張碓の巨岩が鎮座する。

ドリンク代は別だが、チャージ1000円でその日のおすすめメニューはすべて食べ放題。三千代さんの笑顔は〝百万ドル〟と呼びたいほど優しく、ふるさとに帰ったかのようにアットホームな雰囲気が漂う。ここは、ススキノの戦後を生き抜いたまさにモニュメントのような店だ。

カウンターの独り言 最新のカラオケ装置を設備する2階フロアでは、40人までの貸し切りパーティーも可能デス。

今宵も聖なる酒場で——

BARやまざき

数々のオリジナルカクテルを生み出し
錚々たるバーテンダーを輩出した老舗

一見の客がたじろぐほど重厚な入口の扉は、カクテルバーには珍しい横開きの自動ドア。一歩足を踏み入れると、目の前にオレンジ色の柔らかい光に満ちた世界が広がる。ここが、開店から半世紀という老舗「BARやまざき」である。

「同じビルにある「小春」(p14)さんは、僕より2カ月お姉さんなんです」とにこやかに語るのは、マスターの山崎達郎さん。格子柄のチョッキが良く似合い、かくしゃくとしてカウンター内に立つ姿には、英国風ダンディズムが漂う。

●創業　昭和33(1958)年
●住所　中央区南3西3、克美ビル4階
●電話　011(221)7363
●営業　18時30分〜24時30分
●休み　日曜
★チャージ1000円(サービス料10%)
★カクテル900円〜
★やまざきピクルス900円

東京生まれの山崎さんは画家を志し、文化学院の美術科を卒業後、芸大で聴講生までした。東京では米軍の将校クラブや名店「東京會舘」でバーテンダーを務め、昭和27(1952)年開店の舶来居酒屋「モンタナ」に請われてススキノへ。「札幌の街に憧れていたので、ほんの1、2年という軽い気持ちで来ました。東京へ戻っていたら、画家になっていたと思いますね」と山崎さん。

独立して最初の店(南5西5新宿通り)を出すのは昭和33年のこと。開業18年目に火事で店を失うが、次の物件がなかなか見つからない。ある夜、都通りを歩いていて、4階だけ真っ暗なビルに目が留

創作したオリジナルカクテルは 200 種を超える、
ベテランバーテンダーでマスターの山崎達郎さん

柔らかな光に照らされた豪華で重厚なインテリア

まる。店内を見た山崎さんは、「広さも充分で、とにかくここでやりたいと閃きました」と、昭和50年に移転。特製レンガとフランス製コブラン織りの壁、ラワンの一枚板カウンターなど、店内の豪華なインテリアはほとんど当時のままだ。

これまで山崎さんは、国際コンクールで入賞した「サッポロ」を始め、２００種を超えるオリジナルカクテルを創作。同時に、本書にも登場する錚々たる顔ぶれの教え子を輩出した、日本バーテンダー界の重鎮でもある。さらに、客の横顔を瞬時にシルエットで切り取る技で知られ、2枚のうち1枚を客にプレゼント。もう1枚はスクスラップされ、それが開店から数えて4万枚以上にのぼるとか。画家の魂は今も健在だ。

ところで、娘さんが進学する際、「酒を売った金で大学へ行きたくない」と責められた山崎さん。その時、「酒は人間関係の潤滑油、飲む量さえ間違えなければストレス解消にもなる。だから、僕の仕事は薬局の薬剤師のようなもの」と答えたところ、すぐに納得してもらえたそうだ。

その基本精神は今なお変わらず、今宵もまた、〝聖なる酒場〟は午後6時に開店する。

カウンターの独り言

バーの扉が厚く店内が見えないのは、その向こうに外界と隔絶された非日常の空間があるから。

亡き先代の遺志を継ぐ——

ラルセン

名バーテンダーの教え胸に
創業40余年の老舗を背負う

「ラルセン」といえば、反射的に前店主の〝コンちゃん〟こと故近藤利明さんが思い出される。酒飲みの先達に連れられて数回しか行っていないが、初めての客も分け隔てしないその対応と洒脱な会話が忘れられない。粋なチェックのコースターを、プレゼントしていただいたこともある。

2代目を継いだ沼里《ぬまり》一久さんによると、「平成13(2001)年にマスターが病気で亡くなった後、この店を残したいという遺族の意向で、私が継がせてもらうことになりました。店を開けていると、亡くなったことを知らない方も遠くからいらしゃって、皆さんびっくりされますね」。

●創業　昭和42(1967)年
●住所　中央区南4西5、第4藤井ビル1階
●電話　011(251)1961
●営業　18時~翌3時
●休み　日曜、祝日
★チャージ1300円
★カクテル900円~
★ウイスキー900円~

沼里さん自身は、コンピューター関係の会社員からバーテンダーに転職した変わり種。バーテンダー志望者が少なかった20年前、バーテンダー協会の役職にあった近藤さんを中心に養成講座が設けられ、その第1期生だったという。その後、ラルセンに入って、先輩の田口純一さん(現「アドニス」〈p152〉店主)に実践を学んだ。

「ここのビルには、4階に兄弟子が営む「アドニス」、6階には弟弟子の店「ベリーニ」、そして4階に3代目が継ぐ老舗「ガス燈」があり、さなが

先代の故近藤利明さんから店を継いだ
２代目のマスター沼里一久さん

らカクテルビルなんですよ」と笑う。そういわれてみると、同じビルに本格的なカクテルバーが4軒も入居しているというのは珍しい。

久しぶりに訪れたので、店内を見渡してみると、壁に飾られたロートレックの絵、年季の入ったテーブル席と9席のカウンターなど、それぞれに

先代の頃から変わらない店内は、天井が高くゆったり

見覚えがある。沼里さんに昭和42(1967)年の開店以来、変わらぬものをうかがうと、「開店時に、マスターの同級生が店の飾りにプレゼントしてくれたという、洋ナシのブランデー(ポア・ウィリアムス1967)が残っています」。当初は2本あったが、近藤さんの遺言に従い、1本は通夜で親族たちと一緒に空けた。「とてもおいしかったですよ。残りの1本は、この店のシンボルとして今も大切に飾っています」。ビンのなかに沈む洋ナシが見える、貴重なブランデーだという。

さて、客層の幅広いこの店。週1回、必ず食後にカクテルを一杯だけ飲みに訪れる、80代の女性客もいるとか。「美味しいのは当たり前、楽しかったといわれるのがうれしいですね」と沼里さん。師匠の教えを胸に、奥深いバーテンダーの道を歩む、これからが楽しみな発展途上人だ。

カウンターの独り言 カクテルの師匠によると、店名の「ラルセン」は、デンマークの有名なパイプ銘柄に由来するとか。

熟練の技をカクテルで——

樽詰ギネスビール TANAKA たなか

自慢のマティーニを傾けながら
ベテラン店主の薀蓄を楽しむ

若かりし頃、さんざん飲んだ挙句に、仕上げの一杯で先輩に連れられて行ったのがこの店。オリジナル・ブレンドの樽詰ウイスキーが名物で、移転前は「パブたなか」という店名だった。でも、大抵は深酔いしていたので、どこにあったのかうろ覚えである。店主の田中恭治さんにうかがうと、「ライラック通り（南5西4）の角にあったんですよ」とのこと。確かその辺りで、木造2階建ての店だったはず。しかし、その一帯が火事で消失し、現在地へ移転して20年余りが経つ。

●創業　昭和43（1968）年
●住所　中央区南4西4、すずらんビル別館4階
●電話　011（251）5170
●営業　18時～翌1時
●休み　日曜
★チャージ1575円
★カクテル840円～
★樽詰ギネス630円～

そもそも田中さんは、神戸で今も健在の老舗バー「Abuはち」が、かつてススキノに出していた支店で6年ほど修業。この店は前出の樽詰ウイスキーが名物で、それをソーダ（ウィルキンソン）で割ってレモンピールを加える「神戸ハイボール」で知られる。「（札幌の支店は）格式のあるバーで、上品な紳士たちがスコッチを嗜まれていましたね」と田中さんは懐かしむ。

その後、独立してライラック通りに自分の店を出したのは、昭和43（1968）年のこと。「今にも崩れ落ちそうな木造の建物でした」と謙遜するが、ホテルのバーのように凛とした空気の漂う素敵な

糊のきいた真っ白なバーコート姿で
カウンターに立つ店主の田中恭治さん

英国のパブを思わせる店内は、実に広々としている

店だった。その雰囲気は現在の店にも受け継がれ、茶系で統一された12席ある低めのカウンターやテーブル席が、英国のパブさながらの重厚さを醸し出す。

　移転後は、ウイスキー樽の入手が難しくなり、樽詰の現物は味わえないものの、ウイスキーのブレンドは以前通り続けている。その代わりという訳ではないが、平成15(2003)年から「樽詰ギネスビール」が登場。麦芽の風味とクリーミーな泡が特徴のスタウトを楽しめる。また、田中さんが「うちほどドライなタイプは、珍しいかもしれません」と語る自慢のマティーニや、チャンドラーが愛したギムレットなど、カクテルも試して欲しい。田中さんの薀蓄に耳を傾けながら、仕事の疲れを癒す女性客も少なくないそうだ。

「高級クラブやキャバレーが隆盛だった頃のススキノは、裏の世界と表の世界が住み分けられ、それが渾然一体となってネオン街の不思議な魅力を生み出していました。今は若年層の社交場になっていますね」と静かに語る田中さん。40余年にわたり、ススキノでバーを営んできた店主ならではの発言に、思わずうなずかされてしまった。

カウンターの独り言
樽詰ギネスが看板だが、カクテルもお忘れなく。また、一般向けのカクテル教室も開催中。

非日常を演出――

パブリックバーＫＯＨ《こお》

時を経ても裏切らない
大人のための遊び場

バーテンダーがグラスを磨く音が静かに響く口開けのバーで、ギムレットを一杯引っ掛け、夜のネオン街に消えていく――。若い頃から、女だてらにそんなハードボイルド小説の主人公のような飲み方に憧れていた。そのイメージにぴたりと当てはまるのが、ここ「ＫＯＨ」。ビルの8階にある店舗へ重い扉を開けて入ると、そこには別世界が広がる。高価なチーク材を使うシックな壁や一枚板のカウンター、品の良い額に飾られた絵、そして洋酒の瓶が整然と並ぶバックバーなど、高級感あふれるインテリアに囲まれた店内には、心地良い緊張感が漂う。

●創業　昭和48(１９７３)年
●住所　中央区南４西３、すすきのビル８階
●電話　０１１(５３１)２８０１
●営業　17時〜翌1時(日曜・祝日は〜24時)
●休み　なし(年末年始を除く)
★チャージなし
★カクテル１０００円〜
★たらこカナッペ８００円

「バーは大人の遊び場。贅沢な空間にお金を出していただきますので、非日常を演出するよう心がけています」。そう語る店主の大屋康吉さんは、6歳まで樺太で育ち、十勝で青春時代を送った後、19歳でこの道に入った筋金入りのバーテンダーだ。まずは高級クラブ「カジノ」を皮切りに、洋酒バー「勝」を経て、昭和48(１９７３)年に独立。太陽ビル(南5西3)で「ＫＯＨ」を開いた。店名は自分の名前からとったそうで、「ウイスキーの銘柄名は、醸造所の創立者の名前に由来すること

グラスにウイスキーを注ぐ動作ひとつにも
品格がにじみ出る店主の大屋康吉さん

店内のショーケースに並ぶ約350種の洋酒ミニボトル（右）。下はシングルモルト用のチューリップ型ストレートグラス

が多く、それにあやかりました」と大屋さん。現在地には、昭和58年に移転している。

酒の香りに魅せられてこの職業を選んだこともあり、30歳を過ぎてからウイスキーの魅力に目覚めた。現在はシングルモルトだけで１００種余り

高級感あふれるインテリアが贅沢な空間を生み出す

を揃え、独特なチューリップ型のストレートグラスで出す。「ウイスキーをきちんと飲まれる方は、ご自分の哲学を持っていられるので緊張しますね」と語りながらも、どこかうれしそうな表情を見せる大屋さん。また、店内のショーケースには、約350種の洋酒ミニボトルや珍しいウォーターピッチャーなどが並ぶ。このコレクションを眺めているだけで、大屋さんのウイスキーに対する並々ならぬ想いを感じてしまう。

もちろん、カクテルの種類も豊富で、軽く300種を超えている。先日、まだ飲んだことのない日本生まれのカクテル「ミリオンダラー」を作ってもらった。ジンをベースに卵白を使う、少し甘めの優しいカクテルで、大正時代に流行したというのもうなずける味わいだった。

開店から早30余年。「無休でやってきたので、よそより5年ほど多く働いている勘定になりますか」と苦笑する大屋さん。時を経ても裏切らないウイスキーのように、いつまでも変わらずに店を続けるのが目標とか。隠れた名物料理「たらこカナッペ」とともに、いつまでも不滅であって欲しいカクテルバーである。

カウンターの独り言　時代に先駆けてシングルモルトの魅力を教わった店だけに、私にとってはかけがえのないバー。

札幌随一のシガーバー——

BAR白楽天《はくらくてん》

大人がくつろぐための粋でシックな空間

通路から少し奥まった扉まで、こげ茶の板壁で囲まれた短いアプローチが設けられている「BAR白楽天」。そこを通り抜けるだけで「今夜はどんな酒を飲み、どんな夜になるのか……」という期待が高まる。ジャズが低く流れる、茶と黒で統一されたシックなインテリアのなか、早い時間にギムレットを一杯引っ掛けてネオン街へ消えるもよし、シガー(葉巻)の紫煙をくゆらせながら沈黙の時間を愉しむもよし。まさしく、大人がくつろぐための粋な空間が創り上げられているのだ。

●創業　昭和59(1984)年
●住所　中央区南5西5、モモヤビル地下1階
●電話　011(552)2003
●営業　19時～翌2時
●休み　日曜、祝日
★チャージ1500円
★カクテル800円～
★シガー1000円～

オーナーの高橋陽一さんは千葉県出身。大学2年の時に父親が急逝したため、アルバイトで飲食業界へ。その後、銀座のカクテルバーで10年近く修業するが、〝タテ社会〟が嫌になり九州を皮切りに全国を放浪。「120万ほど持って旅に出ましたが、札幌に着いた時は残り8万円。これは働かなくちゃと、ススキノの飲食店に勤めたのが、この街に住むきっかけです」と高橋さん。

2年後の昭和59(1984)年に独立し、明星会館(南6西4)で開業。現在地へ移転したのは平成12(2000)年のことだ。素敵な店名は、人生の先輩がプレゼントしてくれたものだという。この

自ら「天職」と語りシェーカーを振る、
オーナーでバーテンダーの高橋陽一さん

街に住んで20年以上になる高橋さんは、「両親が憧れていた街で、幼い頃から良く聞かされていました。とりわけ、雪の降る冬が好きなので、住むことに抵抗はなかったですね」。

最近は肩身の狭い愛煙家が、大手を振れるのもこの店の良さ。何しろ、キューバ産やドミニカ産など120種ものシガーを揃える、札幌随一のシガーバーでもあるのだ。10席のカウンターには、シガーメーカー特製の愛らしい灰皿が並び、棚にはシングルモルト界のロールスロイスとも称されるマッカランを始め、ボウモアやグレンフィデックなどのシングルモルトがずらりと揃う。「最初は〝茶色の水なんか飲めない〟という若い方も、やがてシングルモルトの虜になる方が多いんですよ」と高橋さんはうれしそうに語る。

ほど良い緊張感が漂うなか、シェーカーを振る高橋さんを眺めていると、「僕はこの仕事を天職だと思っています」という言葉が、説得力を持って迫ってくる。望みながらも、人はなかなかそういう仕事に巡り合えないのが世の常。だからこそ高橋さんは、酒飲みを感激させる素敵な空間を生み出すことができるのだろう。

茶と黒で統一されたインテリアがシック

カウンターの独り言

シングルモルトに良く合う、私の好きなロイズのビターチョコをチャームに出すところが憎い。

ウイスキー愛好家憩いの場——

クラン

古き良き時代を知るベテランのバーに対するひたむきな情熱

マホガニーの独特な木目が美しい板壁、天井から下がる華麗なシャンデリアなど、「クラン」の店内にはいかにもセレブ御用達という高級感が漂う。しかし、それにも増して心惹かれるのは、ひな壇のような3段のバックバーに、ピカピカに磨かれた美しい酒瓶がずらりと並べられていること。シングルモルトのスコッチウイスキーだけで200本、ブレンデッドやスピリッツなどを合わせると、その数は400本にも上る。

「グラスはもちろん、酒瓶もスタッフが毎日磨いています。大変な作業ですが、昔からバーテンダーの仕事をこなせたら他でもつぶしがきくといわれたもの」と語るのは、オーナー店主の佐々木犠光さん。ワイシャツにチョッキ姿の佐々木さんは、日本バーテンダー協会北海道地区本部の常任相談役も務める、この道40年以上のベテランだ。

札幌のクラブ「紅」を皮切りに、東京・銀座の老舗バー「馬車屋」や「鴻巣」などを経て、昭和37(1962)年からは師匠が営む札幌の「P&P城家」で修業を重ねる。そして、7年後にカクテルパレス「キャプテン」で独立し、この店を開いたのは昭和56年のこと。そんな佐々木さんが一貫

●創業　昭和56(1981)年
●住所　中央区南6西4、G4ビル8階
●電話　011(512)7457
●営業　17時30分〜23時30分
●休み　日曜、祝日
★チャージ　男性1000円、女性800円
★カクテル900円〜

「バーは酒の飲み方の修業の場」と語る、
オーナー店主の佐々木犠光さん

して言い続けているのは、「酒を愛するなら場所を選び、雰囲気のいい店で飲むこと。その意味で、バーは酒の飲み方の修業の場なのです」。
　そもそも店名の「クラン」とは、スコッチの故郷であるスコットランドで「氏族、一門」を指す言葉。今でも現地には174の氏族があり、その象徴として生まれたのがタータンチェックだ。日本の家紋のように、布の種類やチェック柄の違いで氏族を表している。好みで柄や色は選べず、自分の所属する氏族のタータンしか着用できないほど、昔は厳格なものだったという。

美しい酒瓶がずらりと並べられたバックバーは壮観

　そんな薀蓄を聞きながら、店の渋いタータンチェック柄のコースターを眺めれば、シングルモルトがより美味しく感じられるはず。さらに、クラス最高賞と金賞を受賞したザ・グレンリベット・アーカイブ21年など、モルトファン垂涎の的ともいうべき逸品まで揃えているから目が離せない。「ここは、ウィスキー愛好家の憩いの場所なんです」と力説する佐々木さん。その一途な表情を見ていると、古き良き時代の酒場の面影がまざまざと甦ってくる。飲み始めが居酒屋だった私にとって、今もクランは憧れの酒場なのだ。

カウンターの独り言
壁に飾られた油絵「フレンチカンカン」は、カクテルの師匠がいう通り、やっぱり刺激的！

孤独を愉しむ――

ジャズバーソリチュード

静謐な時が流れる異次元の空間

ラーメン屋左横の目立たない入口から急な階段を下りると、そこには異次元の空間が広がる。12人ほどが座れるカウンターのみの店内には、薄ぼんやりとした照明が灯り、心地良いジャズのメロディーとともに静謐な時が流れる。

そういえば、開店して間もない頃に訪れ、「インテリアも含めて、札幌にこれほどお洒落なバーが存在するなんて！」と感動させられた記憶がある。大人の社交場であるカクテルバーとはひと味違う、ジャズを聴きながら静かに酒が飲めるバーの、札幌ではまさに草分け的存在だろう。

●創業　昭和57（1982）年
●住所　中央区南3西4（ラーメン源龍地下）
●電話　011（231）2919
●営業　18時〜翌2時
●休み　日曜、祝日
★チャージ1300円
★カクテル700円〜
★ウイスキー（ショット）700円〜

「開店当時から変わったことといえば、カウンターに無数の汗と涙が染みついたことぐらいでしょうか……」と店主の八重樫繁男さんは微笑む。確かに、ダークブルーのチョッキを粋に着こなす店主の頭に、少々白髪が目立つようになったものの、店内の様子は昔とほとんど変わっていない。

岩手県出身の八重樫さんは、修学旅行で訪れた北海道のおおらかな景色が気に入り、北海道大学を受験。入学後は北大オーケストラに所属して打楽器を担当していた。その当時、北13条近くにあった喫茶「ライトゲージ」で、後に「ＡＧＩ

ダークブルーのチョッキを粋に着こなす
店主の八重樫繁男さんは、筋金入りの酒豪

T」（p184）の店長となる木俣宏さんと出会ったことから、ロックやジャズの魅力にはまっていく。その後、八重樫さんは大学を中退。喫茶「CATCH・BOX」の店長を経て、昭和57（1982）年にこの店を開いた。店名は、中学2年の時に出合い、魂を揺さぶられたデューク・エリントン作のジャズの名曲「ソリチュード」に由来する。

薄ぼんやりとした照明が灯る店内はほとんど闇に近い

　そんな八重樫さんは、基本的に独学でカクテルのレシピを身に着けてきた。もともと、幼い頃からどぶろくで鍛えた筋金入りの酒豪で、〝作っては飲み、作っては飲み〟と、自分の満足する味になるまでとことん研究したそうだ。

　それにしても、ほとんど闇に近いこの店の暗さは、嫌なことがあった日、カクテルを味わいながら身じろぎもせずに過ごすのに相応しい。「落ち込んだ時は、もっと落ち込むことをした方が効くようです。そんな時は、ビリー・ホリディの暗い曲でも聴かせてあげますよ」と八重樫さん。

　地上からたった10段下りただけで、突如出現する異次元の空間。都市の喧騒を離れ、ジャズの古レコードに耳を傾けながら、孤独にカクテルを愉しむのも悪くない。

カウンターの独り言　ビリー・ホリディもいいけれど、落ち込んだ時に良く聴いた中島みゆきをここで聴いてみたい。

理想のバーを〝証明〟――

BAR PROOF《ぷるーふ》

鮮やかな色彩と洗練された味わいで
若い世代にカクテルの魅力を伝える

珍しいことに、酒飲みの先輩ではなく後輩に教えられたカクテルバーである。色彩鮮やかで美しいカクテルは、洗練された味わいで、一度飲むと忘れられないほど味がいい。それもそのはず、店主の中河宏昭さんは、日本バーテンダー協会の重鎮である山崎達郎さん(「BARやまざき」〈p127〉店主)の下で10年ほど修業。さらに、数々のコンテストに入賞した経歴を持つ実力派なのだ。

　上富良野町生まれの中河さんは、高校卒業後、シェフを目指して料理の専門学校へ進む。そこでフランス料理を習い、カクテルの授業で講師を務めていたのが山崎さんだった。それが縁で、最初は腰掛けのつもりで店に入るが、いつの間にかバーテンダーの道を歩んでいたという。

「お客様の目の前で作り、その場で評価を受けるのが楽しいんです」とその魅力を語る中河さん。昔は厳しい客が多く、舌に合わないカクテルは、即座に作り直しさせられたとか。独立してこの店を開いたのは、平成2(1990)年のことだ。店名は、その頃に読んだディック・フランシスの競馬小説『証拠』(原題=Proof)に由来し、「理想のバーを証明してみたい」という、自身の思い

●創業　平成2(1990)年
●住所　中央区南3西3、都ビル5階
●電話　011(231)5999
●営業　18時～翌1時30分(祝日は19時～23時)
●休み　日曜
★チャージ1000円
★カクテル950円～

評判のカクテル「ハード・ウインター」を
スタイリッシュに作る店主の中河宏昭さん

が込められている。

そんな中河さんが考案したカクテルのなかでも、とりわけ評判を呼ぶのが「ハード・ウインター」。ジャガイモを主原料とする北欧の蒸留酒アクアビットをベースにした透明なカクテルで、グラスの周りを霜柱のように氷が覆う。まるで王朝貴族の飲み物のようにゴージャスでありながら、北国の冬を体現しているのが見事。「真冬のイメージで」という客の注文で即席に作ったそうだが、予想外に受け、今では店の人気ナンバーワンである。

ただし、見かけは優雅だが、スピリッツ（アルコール度数の高い蒸留酒）に分類されるアクアビットを使うだけあって、後から急に酔いが回るので気をつけたい。まあ、そんな悪女みたいなところが、カクテルの魅力でもあるけれど……。

柔らかい明かりが灯る店内は、カウンター9席とテーブル席が2つ。スタイリッシュにシェーカーを振る中河さんは、「カクテルバーが楽な商いの時代ではありませんが、カクテルが〝夢のあるドリンク〟であることを、若い世代に伝えたいですね」と胸を張る。その思いの強さは、彼が生み出すカクテルの味で証明されているようだ。

派手さはないが、定石を押さえた店内は落ち着ける
カウンターの独り言
老舗「BARやまざき」と同じ一郭にあり、こちらは若い人も気軽に立ち寄れる〝止まり木〟だ。

1軒目に行きたい店――

BAR アドニス

●創業　平成3（1991）年
●住所　中央区南4西5、第4藤井ビル4階
●電話　011（219）0456
●営業　18時〜翌1時
●休み　日曜、祝日
★チャージ1500円
★カクテル800円〜
★ウイスキー（ショット）700円〜

新鮮なフルーツだけを使うカクテルと
バラエティー豊かなフードメニュー

この店には、先輩に連れられて、仕上げの一杯を飲むために映画仲間と良く訪れたもの。だから、カウンター席に座った記憶がほとんどない。改めて座ってみると、ライムやレモン、オレンジなど眼前に並ぶ新鮮なフルーツから、つい目が離せなくなってしまう。「カクテルにはすべて、その場で搾ったフレッシュなジュースを使っています」と店主の田口純一さん。

取材にうかがったのは、午後6時過ぎ。まだ店も口開けなので、チャンドラーの一節を思い出し、ギムレットを頼んでみる。すかさず田口さんは、山積みのライムからひとつ選び出し、搾りたてを手際よくゴードンのジンとシェイクして、表面張力ぎりぎりまでグラスに注いでくれた。

「うまい！」。丸みがあってジンがでしゃばらず、さわやかなライムの酸味とかすかなシュガーの甘味とのバランスが絶妙なのだ。まさに、田口流のギムレットで、これを目当てに毎日のように通う女性客がいるというのもうなずける。また、見逃せないのは、自家栽培する香りの強いミントを使った、ラムベースのカクテル「モヒート」。6月から10月頃までの期間限定で登場するため、常

店名ともなった有名なカクテル「アドニス」に
仕上げの香りづけをする店主の田口純一さん

連客は今か今かと待ちわびているそうだ。
札幌生まれの田口さんは、札幌南高校を卒業後、バーテンダーに憧れて老舗カクテルバー「ラルセン」(p130)の門を叩く。しかし、店主の故近藤利明さんに、「人は使わないから」とにべもなく断られ、クラブ「草笛」やキャバレー「あかね」など、ススキノの有名店を渡り歩いた。

真空管アンプを通した柔らかな音色のジャズが流れる

念願の「ラルセン」に入り、本格的なバーテンダー修業を積み始めた頃には、とうに30歳を過ぎていたという。独立してこの店を開いたのは、平成3(1991)年のことだ。なぜバーテンダーという職業に惹かれたのかを問うと、「シェイクしたり、グラスにピタッと注いだり、仕草がどれもカッコ良かったからです」と田口さん。
この店のもうひとつの特徴は、手作りのピザやパスタ、ビーフシチューなど、フードメニューが充実していること。「1週間通われても、同じメニューは出しませんよ」と田口さんが断言するほど、お通しにも心を配り、10種類を常備するチーズやイタリア産生ハムも狙い目だ。食事を済ませた後に立ち寄ることの多いカクテルバーだが、ここは1軒目に行くことをおすすめしたい。

カウンターの独り言
どのカクテルも、グラスに目いっぱい注がれるので、臆せず口をすぼめてすするとイイ。

キレの良さが持ち味——

ドゥ エルミタアヂュ

●創業　平成6（1994）年
●住所　中央区南3西4、南3西4ビル10階
●電話　011（232）5465
●営業　18時～翌1時（祝日は～23時）
●休み　日曜
★チャージ1800円
★カクテル950円～
★ウイスキー（ショット）850円～

見事なカクテルを生み出す
人見知りの腕利きバーテンダー

店内に足を踏み入れると、巨大なパブミラーとアンティークランプの柔らかい光が、優しく出迎えてくれる「ドゥエルミタアヂュ」。高い天井には太い梁が巡らされ、札幌軟石を生かしたグレーの壁と、樹齢千年という分厚い杉の一枚板を使うカウンターが、居心地の良いモダンな空間を生み出している——。今や全国にその名が轟くバーテンダーの中田耀子さんが、平成6（1994）年、店舗設計のプロフェッショナルとして札幌で活躍する今映人さんとコンビを組んで創り上げた、素晴らしい空間だ。

札幌生まれで札幌育ちの中田さんは、札幌の老舗カクテルバー「BARやまざき」（p127）で10年ほど修業。独立して最初の店となる「きゃふぇゑるみたあぢゅ」を開いたのは、昭和57（1982）年12月のことだった。店名は、テレビ放送で見たエルミタージュ美術館に由来するが、平仮名にしたところが彼女の独創性だろう。

もともと人見知りで、事業に失敗した父親が酔っ払う姿を見て育ったせいか、酒が大嫌いだったという中田さん。バーテンダーになって初めて、「お酒って美味しいし、こんなに楽しいものだと

女性バーテンダーの草分け的存在である
店主の中田耀子さんは、その人柄も魅力的

温かみのある素材が使われた居心地の良い店内

知りました」と素直に語る。また、「お客様が、明日また頑張ろう、という気になるお手伝いをするのは楽しい仕事ですよ」とも。

黒いジャケットにシルクの蝶ネクタイという、定番の中田スタイルから生みだされる数多くのカクテルは、キレの良さが持ち味。なかでも、〝ナカタのマティーニ〟といえば、常連客の間では、泣く子も黙る超辛口レシピで知られる。お酒が弱い人は一杯でダウンするほど強烈だが、マティーニファンには応えられない美味さなのだ。さらに、シングルモルトの品揃えも豊富で、約300種を取り揃えるというから驚く。

ところで、ちょっぴり自慢したいのは、中田さんが私のために作ってくれた、オリジナルカクテルがこの店にあること。若かりし日のパンツルックからイメージしてくれたもので、その名も「サブリナ」という。ラム酒をベースに白ワインでアルコール度数を和らげた、優しい味わいのカクテルで、色は淡いブルー。

〝聖なる酒場〟に自分にちなんだオリジナルカクテルがあるなんて、これぞ酒飲み冥利に尽きるというものだ。

カウンターの独り言
中田さんがきりっと背筋を伸ばしてシェーカーを振る姿のカッコ良いこと。惚れ惚れします！

酔いどれ番外地 ③

心残りな店

本書の元となった新聞連載を始める際、最初に考えたのは「25年以上続く老舗だけを紹介したい」ということだった。生き馬の目を抜くススキノ周辺で、四半世紀余りも酒場を営むのは至難の業。いくら宣伝しても、店自体に魅力がなければ人は通わない。だからこそ、古くから続く店には訳があると思うのだ。

ところが、連載も2年目に入ると、25年続く店だけでは難しく、20年まで幅を広げた。ただし、カクテルバーで数年足りない店は、バーテンダー歴を加味して良しとさせてもらった。また、今の店は新しいが、以前営んだ店と合わせて20年を超える場合も取り上げている。

心残りなのは、年数が不足していたり、取材拒否などで紹介できなかった店があったこと。例えば、私が愛する焼鳥屋で年数の足りなかった「とり丸」、取材のタイミングを逃したおでんの「深谷」と居酒屋「釧路」、顔写真の掲載がネックとなったカクテルバーの「セプドール」など数多い。

店主が健在なら必ずや紹介しただろう店が、故浜野敏和さんの「スペイン酒場TOSHI」と、詩人でもある故忠海光朔さんがラム肉料理を出した「仔羊亭」。どちらも、都市の文化サロンとして一時代を築いた店であり、友人としても親しくさせてもらった。この2人については、いつか長い物語を書きたいと思う。

そのほか忘れ難いのは、365日、青ツブ焼きを1日も欠かさなかった焼鳥屋「一心」。青ツブ好きの故相米慎二監督が、来札する度に立ち寄っていたものだ。また、映画業界出身の夫婦が営む居酒屋「蔵っこ」も懐かしく、焼き燗酒の美味しさが未だに忘れられない。新琴似に移転後、数年前に店を閉めている。また、深夜に仲間と良くカラオケを歌った思い出深い店「つくも」も、松前出身の田島和子ママの引退で閉店してしまった。

とまあ、思いつくまま書いたので、書き漏らした店もまだまだあるはず。お世話になった皆さん、ゴメンナサイ。

残念ながら、本書で紹介できなかった店も少なくない。どうかご容赦を

VI・エトセトラ

人に歴史あり、店にも歴史あり
独自のこだわり発揮する
個性派店主のユニーク酒場

ススキノの盛衰とともに――

ブルゴーニュ

往時の華やかさ漂う
ベテランママが営むバー

都通り5丁目でひと際異彩を放つのが、東角にある2階建てチロル風の建物。バー「ブルゴーニュ」はその2階にあり、昭和ヒトケタ生まれの店主・増永直子さんが今も現役で店に出る。

増永さんによると、この建物はかつてススキノで一世を風靡した老舗高級クラブ「ルノワール」のママ・故松林恵美子さんが、宮大工に頼んで建てたものだそう。「釘を一本も使っていないらしく、1階の外壁には札幌の石山から切り出した貴重な石が使われています」。確かに、トイレの扉の彫り物や勾配の美しい天井の設えなど、贅の限りを尽くした和風建築の粋がそこかしこに見られる。

童女のような笑顔がチャーミングな増永さんは、多彩な経歴の持ち主。老舗の割烹「いく代」の帳場を振り出しに、オーナーに誘われてクラブ「チカル」の初代ママを3年間勤める。その後、東京・銀座のクラブ「姫」(ママは作家の山口洋子)で1年ほど働き、札幌のクラブ「夜間飛行」の開店に際してスカウトされ、帰札したという。

その間に、「ルノワール」のママが足を怪我したため閉めていた2階を、増永さんの実妹が借り、昭和32(1957)年にサパースナック「ブルゴー

●創業　昭和32(1957)年
●住所　中央区南4西5(都通り)
●電話　011(221)4088
●営業　18時〜翌2時
●休み　日曜、祝日
★飲み放題3500円(おつまみと軽い軽食つき、2時間以内)のコースが基本

笑顔がチャーミングな店主の増永直子さん。
半世紀近くススキノの盛衰を見守ってきた

ニュ」が誕生している。「画家のルノワールでさえ、不遇時代は廉価なブルゴーニュ地方のワインを飲んでいたことに因んで命名しました」と増永さん。その7年後、自らその店を買い取り、名実ともにママになったという訳だ。

往時はフランス料理も出す高級店として、札幌の政財界の大物たちに愛されたこの店だが、最大の魅力は増永ママの人柄だったはず。半世紀近くススキノの盛衰を見守ってきた彼女だが、「既にみまかった方も多く、遊びの王道を知る方が少なくなったのが寂しいですね」とぽつり。

とはいえ、店は孫の太一さんを始め、フランス人、中国人など国際色豊かな若いスタッフが揃い、底抜けに明るい。スキーで海外へ行くことの多かった増永さんは、外国で親切にされたことから、自分が経営するアパートを外国人に保証人なしで貸していて、その縁で集まった人が多いという。

それにしても、急勾配の13階段を上ると、2階にはまるで外国のパブのような酒場があるとは誰も思うまい。往時の華やかさがそこかしこに漂う店内で、増永ママの昔話を聞きながらグラスを傾けてみたいものだ。

往時を偲ばせる華やかなインテリアで飾られた店内

カウンターの独り言 立派な造りの建物だが、現在は若者向けのパブといった感じで営業。そのギャップが楽しい。

シェリーを片手に——

ふじ川《ふじかわ》

本場仕込みの酒と料理でもてなす スペインに魅せられた店主

絹の光沢のシャツブラウスを身にまとい、聖なる酒場のフットバーに片足をかけて、シェリーグラスを口にする女——というのが、若い頃に憧れた酒の飲み方だった。だから数年前、店主の藤川つとむさんに初めて美味しいシェリー(南スペイン産のアルコール分が強い白ワイン)を教わった時は、感動したなんてものじゃない。有名なティオペペではなく、藤川さんが現地から抱えてきたお土産で、切れ味のいい辛口が今も印象に残る。

それにしても、この店のさり気ないカウンターで、本格的な料理が食べられるなんて、初めての人は夢にも思わないだろう。でも、新鮮な刺身を始め、白花豆のスープや牛タンシチュー、本場仕込みのスペイン料理など、店主がひと手間かけたフードをシェリーを片手に味わえるのが魅力だ。

もともと画家志望だった藤川さんは、高校卒業後に帽子デザインの学校へ入学し、ファッション画も描いていた。ところが父親が病に倒れ、やむを得ず実家の魚屋を継いで10年近く営む。そんななか、魚屋の2代目が集まり、〝単に魚を売るだけでなく調理方法も学ぼう〟と勉強会を結成。毎月、新しい盛り付けやパーティー料理を学んだそ

●創業　昭和46(1971)年
●住所　中央区南4西4、松岡ビル地下2階
●電話　011(231)8283
●営業　17時～23時
●休み　日曜、祝日
★生ビール600円
★シェリー600円
★おまかせ料理(3品以上)2000円～

楽しげに料理を作る店主の藤川つとむさん。
遊び心のある陽気な人柄もスペイン流？

うで、その時に覚えたレシピが後年、役立ったという。そして、札幌冬季五輪前年の昭和46（1971）年に開店、以来40年近くが経っている。
店を華やかにしているのは、壁やボトルに飾られた無数の小さな絵。藤川さんがコースターをキャンバスに見立て、お客さんをモデルに、仕事の合間を縫ってコツコツと描いてきた。その数は、「もう1万枚は超えていると思いますよ」。また、偶然訪れたスペインに魅せられ、毎年のように現地を訪れていて、『絵日記／僕のスペイン旅行』を始めとする著作も既に3冊を数える。

ゆったりとした店内にはカウンター席があるのみ

今もスペイン熱は少しも冷めることなく、最近藤川さんがお気に入りのシェリー「アモンティラード」を教えてくれた。辛口を熟成させたもので、「映画「バベットの晩餐会」でヒゲの将軍が食前酒として飲み、〝アモンティラード！〟と叫んでいました。俺は美味しいと思うね」。
オープン30年目に、引退後の蓄えを投じて店内を大改築。新装なった店内は天井が高く、新調した入口の扉ははめ殺しのガラスが1個だけ覗き窓のように開き、遊び心を感じさせる。いみじくも店主の人柄を、映し出しているようだ。

カウンターの独り言
盃交わした兄貴分にこの店で「バランタイン30年」をご馳走になったが、実に美味しかった！

北の街でウォッカを——

バール・コーシカ

シベリア抑留体験者の初代が開いた戦後史体現するロシア風居酒屋

「ウォッカは、こうやって飲むんだよ」と言いながら、ストレートグラスを一気に空けて見せてくれたのは、今は亡き初代店主の宮尾長治さん。白のルバシカ（ロシアの民族衣装）が良く似合い、とても美味しそうにウォッカを飲んでいた。度数が最低でも40度（最高は96度）はあるので、真似して飲むとすぐに酔いが回り、急な階段を下りるのがやっとだった記憶がある。

当時のコーシカは、同じ狸小路6丁目でも現在地の斜め向かいにあり、新聞記者や大学教授、画家など文化人が顔を出す前衛的な酒場だった。2代目の政志さんによると、「酒好きだった父は身体を壊し、61歳で亡くなりました。店は昭和52（1977）年の開店から、30年以上経っています」。ということは、私が先輩に連れられていったのは1970年代の終わり頃だったようだ。

長治さんの妻すゞ子さんによると、小樽生まれの初代は16歳で満鉄に入社し、戦時中は戦地で通信員を務めた。終戦後はシベリアに抑留され、帰国したのは昭和25年のこと。元抑留者たちのイベント「帰国感謝の夕べ」を機に結成された劇団に参加し、ロシアの歌と踊りで全国を行脚したとい

●創業　昭和52（1977）年
●住所　中央区南2西6（狸小路6丁目）
●電話　011（231）8166
●営業　17時～24時
●休み　なし
★ウォッカ350円～
★ロシアビール998円～
★ピロシキ（1個）300円

底抜けに明るい初代の妻・宮尾すゞ子さん。
息子で２代目の政志さんと店を守ってきた

う。静岡生まれのすゞ子さんとは、それが縁で結婚。やがて、小樽の知人の紹介で家電販売店に就職し、20年勤めた後に独立して開いたというから、脱サラの走りといえる。

それはともかく、札幌でウォッカを専門に飲ませる店は昔も今も稀少。しかもこの店では、ボトルごと冷凍したものを出してくれるのだ。「ロシア人は冷たい飲み物が苦手なので、反対に温めてくださいといわれますね」とすゞ子さん。

パブ形式のバール（居酒屋）らしい風情が漂う

息子の政志さんは厨房で調理に専念し、接客はもっぱらすゞ子さんが担当。底抜けに明るい彼女の存在が、店を活気づける。開店時は缶詰を多用し、「あの頃はロシア料理も良く知らないし、作れなかったんですよ」とあっけらかん。その〝北の女〟顔負けのおおらかな人柄が魅力だ。現在は、料理の修業を重ねた政志さんが、ペリメニを始めピロシキやボルシチなど、ロシアを代表するメニューを手作りしているので心配はない。

初代亡き後、母子で守って早30年になるロシア風居酒屋。降り積もった歳月は、棚に並ぶロシア人形マトリョーシカの顔立ちの変遷にも現れ、何とも懐かしい気分にさせてくれる。

カウンターの独り言
ウォッカを冷凍させて飲む方法は、初代がシベリア抑留での体験をヒントを得たオリジナルとか。

いるだけで外国の気分——

麦酒停《むぎしゅてい》

日本一の品揃えを誇る 麦酒博士のビアバー

かつて、「パスポートがなくても、階段を降りただけで外国に来た気分になれる」と評されたのが、ビアバー「麦酒停」。壁一面に並ぶ世界各国のビールの空き缶を眺めているだけで、確かに外国にいる気分を味わえる。

「この店で飲めるビールは約300種、品揃えなら日本一です」と胸を張るのは、オーナー店主のフレッド・カフマンさん。ロサンゼルス出身のカフマンさんは、札幌冬季オリンピックが開催された昭和46(1971)年に旅人として札幌を訪れ、

●創業　昭和55(1980)年
●住所　中央区南9西5、ヨシヤビル地下1階
●電話　011(512)4774
●営業　19時~翌3時
●休み　日曜、祝日
★生ビール600円~
★バッファローザンギ800円

この街をいたく気に入る。一旦、帰国したものの、早稲田大学の留学生として再び来日し、国際学部で政治、経済や日本文化、宗教などを学んだ。

卒業後、しばらく東京に住んだが水が合わず、再び札幌へ。英語教師を経て、喫茶「ガスポイント」の店長を3カ月ほど務める。そして、オーナーが店の近くにおさえていた物件を譲り受け、この店を開いたのは昭和55年のこと。店名にあえて〝停〟の字を使ったのは、「その方が、留まってビールを飲んでくれると思ったからです」とカフマンさん。日本語が流暢なだけではなく、茶目っ気もたっぷりだ。メニューにも工夫を凝らし、

サンタクロースに似た風貌のオーナー店主
フレッド・カフマンさんは温かい人柄が魅力

なかでも馬と鹿の合挽き肉で作る「馬鹿バーガー」がお気に入り。「冗談で作ったけれど、予想外に美味しいんです」と自慢する。

　もともとビール好きだったが、「店を作ったのだから、もっとビールを勉強しよう！」と発奮。世界各地のビール工場を巡り、様々なビールを試飲して研究した。大学でも6年学ぶと博士号がもらえるように、ビールの研究に約10年を費やしたカフマンさんは、「自分で麦酒博士と名乗っています」と笑う。そんな彼にビールの魅力をたずねると、「奥が深く、ワインほど気取っていないところ」という答えが返ってきた。

　それだけに、店には吟味したものを揃える。生ビールひとつとっても、サッポロビールならヨーロッパスタイルのエーデルピルス、キリンはハートランド、ドイツ製ではパウルナーという具合。

　ススキノで開店して既に25年以上。出張族や外国人が多いのはもとより、最近は親子2代で飲みにくる客も増えた。それもこれも、親のいない子供たちに毎年、クリスマスプレゼントを贈るサンタクロース役を務めてきたカフマンさんの、温かい人柄に惹かれてのことに違いない。

店内には壁一面に世界各国のビールの空き缶が並ぶ

カウンターの独り言
ビール党なら泣いて喜ぶほど種類が豊富で、珍しいものから選りすぐりの極上品までを用意する。

札幌の美しさを堪能――

N43

えぬよんじゅうさん

今も色褪せぬ斬新な店内から藻岩下に広がる街並を一望

夜景の美しさで知られるバー「N43」（北緯43度の意味）を訪れたのは、黄昏どきだった。一面の窓からは、摩天楼が林立する札幌の都心部が見下ろせ、眺めていると雲が茜色に染まっていく。「光の加減で、ひとつのビルに雲の合間からスポットライトが当たる時があって、それも綺麗なんですよ」とオーナー店主の松井力さんは語る。

長さ9メートルもの黒塗りのカウンターを主役に、モノトーンで統一された斬新な店内は、開店から20年以上たった今も色褪せていない。「先に自宅が完成し、遊びに来た友人が、見晴らしのいい昼間はもとより、日が暮れて夜景を堪能するまで帰らないんです」と松井さん。そこで周囲のすすめもあり、昭和60（1985）年に自宅の庭を利用して、自らデザインしたこのバーを開いた。

もともと松井さんは、ススキノのソシアルビル9階で、夜景の見える人気バー「スカイラウンジｅｌｌｅ《エル》」を営んでいた。この店は訪れたことがないけれど、グリーンビルにあった姉妹店「ｅｌｌｅ」には行ったことがある。グラスの縁に塩がついたカクテル「ソルティードッグ」を、初めて飲んだ店ということもあり、今も忘れ難い。

●創業　昭和60（1985）年
●住所　中央区伏見3―13―20
●電話　011（551）0043
●営業　17時～翌1時
●休み　なし、ただし1～2月は冬期休業
★チャージ700円
★カクテル800円～

話し上手で魅力的な人柄のオーナー店主、松井力さん。
その交友関係は驚くほど幅広い

札幌の街を一望する店内は、まさに大人のための空間

それはさておき、ススキノの店をたたんで「N43」を造った松井さんは、5年後、海辺に面したカフェバー「ユーラシア404」をオープン。全面ガラス張りの窓からは、張碓の海と夜汽車が眺められ、都市の喧騒を忘れて思索に耽ることのできる静けさが、たまらなく良かった。この店も好評を博したが、病で倒れたことから平成14(2002)年に手放し、現在は著名な日本画家のアトリエになっているという。

　どういう発想で、これほどユニークな店を生むことができるのだろうか。「不思議なものを売ってますね、と言われますよ」と苦笑いする松井さん。釧路を皮切りにこの道50年の経験を持つが、その店造りに共通するのは、藻岩下に広がる街並みや張碓の海など〝借景〟の巧みさ。窓から見える風景が、生き生きとした表情を持つのだ。

　様々な有名人が訪れるなか、彫刻家のイサム・ノグチも亡くなる前年に立寄っている。その際、「人がその街に住むということは、その街の美しさを紹介する義務を持つ」と語り、松井さんの店造りを支持したという。やはりこの仕事、なんといってもセンスの如何《いかん》が問われるのだろう。

カウンターの独り言 松井さんは、日ハム初代オーナー・三原脩の書生を務めたこともある、不思議な経歴の持ち主。

生ビールの先駆者——

米風亭《べいふうてい》

銘柄豊富でつまみ充実！
ビール党垂涎のビアホール

かつて「ギャラリーユリイカ」が入居していた木造3階建ての年季の入ったビル1階にあり、今や南3条通りの顔ともいえるビアホールである。オーナーの藤巻正紀さんはとてもシャイな人柄で、何度か取材を断られていたこともあって、会うのは十数年ぶり。が、ひとたび会えば、同級生のように会話が弾むから愉快だ。

知り合ったのは古く、1970年代の初頭、まだ私がタウン情報誌を編集していた頃だった。当時の藤巻さんは、カントリーウエスタンが聴ける音楽喫茶「楽屋」（南1西15）と「楽屋PARTⅡ」（南2西5）を経営。その後、お洒落なカフェバー「OFF」（南3西1）を出すなど、時代をリードする飲食店を数多く手掛けた。今はなきこれらの店名を見て、懐かしく思う人も多いだろう。

そして、この「米風亭」を開いたのが昭和61（1986）年のことだ。クラシックな店名は、妻・寛子さんの祖父が明治期に経営したレストラン「米風亭」（南1西2）に由来する。「生ビールを飲める店をやりたくて、名前が良かったので使わせてもらいました」と藤巻さん。

アイリッシュパブを思わせる店内には、天井や

●創業　昭和61（1986）年
●住所　中央区南3西1、和田ビル1階
●電話　011（271）7397
●営業　11時30分～翌4時
●休み　無休
★生ビール500円～
★油そば700円
★ジャンバラヤ950円

とてもシャイなオーナーの藤巻正紀さん。
その人柄を慕う有名ミュージシャンも多い

アイリッシュパブを思わせる開放的な店内

壁に映画のポスターが張り巡らされ、どことなく猥雑な感じが郷愁を誘う。高さのあるカウンターで瞠目させられるのは、整然と並ぶ7つのビールサーバー。国内4社（サッポロ、キリン、アサヒ、サントリー）を始め、アイリッシュやベルギーの生ビールが楽しめるのだ。「最近は種類を多く揃える店も増えましたが、当時は画期的。今でも、国内メーカー4社の生ビールを揃える店は、全国で唯一うちだけです」と藤巻さんは自慢する。

　また、もうひとつの目玉は、平成9（1997）年に登場した油そば。スープのないラーメンの一種で、茹で上げた麺に濃いタレを絡め、ラー油や酢などの調味料をかけて食べるもの。武蔵野市の亜細亜大学そばにあるラーメン店が発祥といわれ、藤巻さんはビールに合うので取り入れたが、これを目当てにランチタイムに訪れる客も少くない。

　さて、現在は若き店長に店を任せ、ほとんど表に出ない藤巻さんだが、「外国のビールは高いイメージですが、実はワインより低価格。濃厚なので料理にも合うから、少しずつ味わうといいんですよ」。そのビール党ならではの力強い発言に、思わず喉が鳴ってしまった。

カウンターの独り言
多人数で入れて休みはなく、しかも朝まで営業しているので、様々な打ち上げに活用できそう。

青春の思い出甦る――

高や敷《たかやしき》

一世を風靡した「バー・サン」――
そのＤＮＡが色濃く残る店

今でも「バー・サン」という店名を耳にすると、青春の思い出が甦る。「高や敷」店主の高屋敷博之さんは、１９７０年代初め、ススキノの一等地に建つ第1グリーンビル8階で、一世を風靡したスナックバー「バー・サン」の店長を務めていた。

この店は、アイディアマンで知られる飲食店チェーン「ドリームフード」の社長・菊地日出男さんが開業。「お婆さんではありません。ＢＡＲ・ＳＵＮ、太陽です」をキャッチフレーズに、若者から絶大なる支持を得た。〝実験劇場〟と銘打ち、

●創業　昭和63（１９８８）年
●住所　中央区南7西4、プラザ7・4浅井ビル7階
●電話　０１１（５５２）７７７３
●営業　19時～翌2時
●休み　なし
★チャージ　男性３０００円、女性２７００円
★ドリンク６００円～

店内にマラカスやコンボを置いて、従業員と客が一体となって音楽を楽しんだ時代もある。「マラカスとタンバリンを習得しないと、カウンターに入れてもらえなかったんですよ」と高屋敷さん。もっとも、私が通い始めた頃には、神山慶子さん（ｐ１０８参照）が、アルバイトでピアノの弾き語りをする少し落ち着いた店にはなっていたが……。

ともあれ、それまでコークハイやジンフィズしか飲んだことのない私が、友人のボトルキープするブラックニッカの水割りを飲ませてもらい、急に大人になった気がしたものだ。20歳になったばかりの頃だが、その時に見たヒゲのニッカの絵柄

シャイな人柄だけれど、打てば響く
会話が楽しい店主の高屋敷博之さん

は、今も脳裏に焼きついている。
一方、北海道教育大特設美術科に在学中だった高屋敷さんは、当初アルバイトのつもりが、絵描きをあきらめ、大学を中退してこの道に。独立して最初の「高や敷」を6・4ビルに出したのは、昭和63（1988）年のこと。3年後に店名を譲り受け、7・4ビルに「バー・サン」を出し、一時は2店を経営していた。しかし、平成18（2006）年に「バー・サン」を閉め、同じビルにこぢんまりとした「高や敷」を出している。

店内には落ち着いた雰囲気が漂い、居心地がいい

壁にマリリン・モンローや古い映画のポスターが貼られた店内は、ほどよいカウンターの高さと間接照明、布張りの椅子などが落ち着いた雰囲気を醸し出す。「なんだか居心地がいい店」と思ったら、高屋敷さんの親友で、私の友人でもある店舗デザイナーの故伊藤真介さんが造ったという。
「俺も入るまで知らなかったんだ。でも、彼の設計は店の人の使い勝手も考えてくれているので、働いていてもあずましいよ」と高屋敷さん。
「バー・サン」と真介さんのDNAが色濃いこの店で、ほろ酔い気分で唄を歌ってみたら、仲間に上手だと褒められた。そんな夜も、あるよね。

カウンターの独り言
飾り付けの良さは、世が世であれば絵描きになっていたかもしれないヤシキさんのセンスゆえ。

VII・

北海道出身の作家・佐々木譲氏と
同世代の著者が語り合う
若き日に通った酒場のあれこれ

酒・縁・酔・談

酒はいい酒場で飲みたい

酒・縁・酔・談
佐々木 譲×和田 由美

佐々木譲さんの名を知ったのは、まだ譲さんが札幌の広告代理店に勤めていた時代のこと。当時、映画仲間と出していたミニコミ誌に、友人を介して寄稿してもらったのがきっかけだった。が、その時はお会いする機会を得ず、後に譲さんの作品世界に魅せられた私は、熱烈なファンとなる。そして、行きつけのススキノの酒場で偶然お会いして以来、お付き合いさせていただくようになったのだ。かつて同じ時代に同じ街で暮らした2人だが、あの頃どうやって酒場と付き合っていたのかを、思い起こしてみたいと思う。(和田)

スナックで飲むというのが、あまり好きじゃなかった

和田　まずは、ギムレットから行きましょうか。(ひと口飲んで)うーん、おいしい。でもカクテルって、親の説教と同じで後から効いてくるのよね。

佐々木　飲みやすいけど、けっこう強い酒を使っているから。

和田　今でこそ私も、すごい大酒飲みだと思われているけど、飲み始めはジンフィズとかコークハイを飲んでたのよ。譲さんは?

佐々木　あの頃、ハイボールってなかったっけ。

和田　先達は、トリスのハイボールを飲んだって言ってましたけど……。でも、若い頃はあまり飲んだことがなかったですね。

佐々木　80年代のことだけど、当時できたばかりの「札幌コピーラ

イターズ・クラブ」に、僕も入っててね。南5条のとあるバーを、月1度の定例会の会場にしていたんですよ。

和田　そうなんですか。

佐々木　そこで水割りばかり飲んでいたら、先輩たちがカクテルを教えてくれてね。その時に、ウイスキーを炭酸で割るっていうのも教わったな。

和田　それが、ハイボールですね。若い頃は、お酒はかなりいける方だった？

佐々木　いや、そんなに飲む方じゃなかったと思う。札幌の広告代理店で働いていた時代は、例えばススキノに行きつけの店があってボトルをキープする、というようなことはなかった。

和田　ウイスキーが好きじゃなかったの？

佐々木　というよりも、スナックで飲むというのが、あまり好きじゃなかった。自分のボトルに「譲」とか名札つけてね（笑）。そういう飲み方は、好みじゃなかったね。

和田　やっぱり、ハードボイルド志向だったのね（笑）。

佐々木　でも、当時はまだろくに酒の味もわからないし、ブランドへのこだわりも全然なかった。

和田　私もそうだった。

佐々木　だから、振り返ってみると、あの頃は酒を飲んでたんじゃないんだよね。人と会う時に潤滑剤として、アルコールを喉に流し込んでいただけなんだと思う。

和田　そうなのよね。実は私も人見知りだったんです。でも、アルコールを媒介にすることで、様々な人と出会えたから、やっぱり酒場が先生だったのかな。

佐々木　譲（ささき・じょう）

1950年、夕張市生まれ。1974〜78年、札幌の広告代理店に勤務。1979年に『鉄騎兵、跳んだ』で文藝春秋・第55回オール讀物新人賞を受賞後、作家活動をスタート。1990年、『エトロフ発緊急電』で日本推理作家協会賞、山本周五郎賞、日本冒険小説協会大賞をトリプル受賞。2008年9月には、初のルポ・エッセイ集となる『わが夕張 わがエトロフ』を刊行した。

お酒を一生懸命飲むって感じじゃなく、人と会うのが目的

和田　会社のあった二条市場(南2東1)周辺の店には、あまり行かなかったの?

佐々木　ちょうど会社の目の前に焼鳥屋があって、そこに同僚たちと行くことはあったけど。

和田　私も25歳を過ぎるまでは、焼鳥屋ばっかりですよ。若くてお金がないから、所持金で焼き鳥を何本食べられるか計算してね(笑)。そういえば、キャベツをタダで食べられる焼鳥屋があって、それに塩をかけてバリバリ食べるの。

佐々木　トンカツソースじゃないんだ。

和田　そうそう。焼鳥屋だからソースなんてないの(笑)。あのキャベツには、すごくお世話になったなぁ。

佐々木　なるほど(笑)。僕もススキノにこそ通わなかったけど、オヨヨ通り(中央区南2西5の仲通り)の周辺にはよく行った。あの辺りって、若くて貧しいクリエイター志願みたいな連中が集まる、値段の安い店がいくつかあったでしょ。

和田　東映仲町にあった「エルフィンランド」とか「AGIT(アジト)」みたいなところね。

佐々木　そうそう。あの辺に、幾つかよく行く店があって、そこに

オヨヨ通りの西5丁目にあった飲み屋街「東映仲町」

行けば誰か彼かいるだろう、という感じでね。あの辺にはよく行ってたな。お酒を一生懸命飲むって感じじゃなく、人と会うのが目的だったけど。

和田　前作（『さっぽろ喫茶店グラフィティー』）を書く際に、当時の広告で調べたんだけど、東映仲町辺りの店では、サントリーホワイトのボトルキープが1980円だったのよね。

佐々木　その金額って、当時は安かったの？

和田　安かったみたい。

佐々木　そうか、あの時代の金銭の感覚がすっかりわからなくなってるなぁ。

和田　その頃は、ヤケ酒とかそういうのはしなかった？

佐々木　何回かある（笑）。代理店に勤めていた時、クライアントにプレゼンテーションしなくちゃならなかったんだけど、前日に飲み過ぎて欠席したことがあった（笑）。

和田　へー、譲さんでもそんなことあるんだ。

佐々木　あれはね、きっとイヤだったんだね。自分がプレゼンをやらなきゃいけないのが、イヤでイヤで（笑）。結局、それで飲み過ぎたんだと思う。

オヨヨ通りの周辺にはよく行った――佐々木

あの頃のススキノって、なんだか暗くて――和田

ローレライの明るさはよかったよね

和田　ところで、私が長らく通っている「酒庵きらく」（p60）っていう店があるんですけれど、譲さんは行ったことあります？

佐々木　連れられて行ったことはあるよ。そこで、作家の船戸与一（ふなど・よいち、『砂のクロニクル』で第5回山本周五郎賞を受賞）さんとイタズラをしたことがあってね。

和田　船戸さんと「きらく」に行ったの？

佐々木　うん、札幌の〝文壇

僕は独りでは飲まないんですよ、まったく――佐々木

気の合う仲間がいて飲むのが、いいんだよね――和田

バー〟に連れてけって言われてね。店に行って出版社の編集者と喋ってたら、船戸さんが他のお客さんに「ところで、お前らは札幌の作家の佐々木譲を知ってるか」って言いだして……。で、僕が佐々木だってことは隠しとけって言うのね。顔を隠したよ(笑)。

和田　ススキノで記憶に残る店ってあります？

佐々木　そうだね、「仏蘭西市場」かな。でも、あそこは飲み屋？

和田　喫茶店だけど、貸し切りの場合はお酒も出してましたね。喫茶店が右で、飲み屋さんのスペイン酒場TOSHIが左で……。

佐々木　あとは、ウエシマコーヒーの下にドイツ民謡をやる店なかった？

和田　ローレライ。ビールジョッキがブーツの形をしていて。

佐々木　そうそう、あそこも懐かしいよね。

和田　大学の卒業記念でやったシェイクスピア劇を、担当の先生――牧師さんなんだけど――が褒めてくれて、ビールをごちそうするからってローレライに連れていってくれたの。店ではアコーディオンを持ったおじさんが、陽気に演奏していてね、素敵だなって思った。

佐々木　僕もずいぶん行ってますね。どうして行ったのかは覚えてないけど、たぶん最初は連れて行かれたんだと思う。確かに、あの陽気さは好きだったな。ビール飲むなら、こういう状態でキューっといかないとねって思ってた。

和田　あの頃のススキノってなんだか暗くてね。ジャズバーも吸い込まれそうに暗くて（笑）。酒と音楽で、自分の苦しみを癒すって感じが苦手だった。それに比べて、ローレライの明るさは良かったよね。

佐々木　うん、あそこで飲むビールはおいしかったな。あの雰囲気のなかで、あの歌を歌いながらっていうのが、良かったんだろうね。

独りじゃ飲まないからこそ、酒場は好きですね

和田　私ね、譲さんから聞いた話で記憶に残っているのは、バーのコースターに書きこんだ一文から、一編の恋物語ができるって話。特に印象的だったのが、譲さんの短編「雪に祈りを」（『サンクスギビング・ママ』所収）に出てくるバーのシーンなんだけど、あれはどこがモデルなの？

佐々木　あれは、特にモデルはない。東京・新宿にあった「ユニコーン」って店が、少しイメージされているかな。

和田　そうなんだ。でも、バーとか酒場って、そういうイマジネーションが湧く場所じゃない？

佐々木　うーん、いろんな意味で、自分の感受性が刺激される場所ではあるよね。

和田　でも、若い頃は余りお酒が好きではなかった。

佐々木　うん、楽しく会話ができるための媒介になるお酒だといいんだけどね。僕は独りでは飲まないんですよ、まったく。会話を楽しくしてくれるものとして、お酒は必要なんだけど。

和田　でも、そのお酒の効用っていうか、酒場の効用っていうのはありますよね？

佐々木　独りじゃ飲まないからこそ、酒場は好きですね。毎日、出かける訳じゃないけれど、酒はいい酒場で飲みたいって思う。

和田　うーん、わかる。

佐々木　ワインはいいレストランで飲みたいしさ。仕事の後、ちょっと頭冷やさなきゃと思って、独り家で買い置きのワインを飲むのって、つまんないよ、やっぱり。酒はいい酒場で飲みたいよね。

和田　いいバーテンダーさんがいたり、気の合う仲間がいて飲むのが、いいんだよね。

（取材協力／パブリックバー　ＫＯＨ）

【た行】

【な行】

【は行】

【ま行】

【や行】

【ら行】

【わ行】

主要店名索引

あとがき

今だから言えるけれど、30代の私は相当に評判が悪かった(今も変わらない?)。「態度はでかく、酒場でケンカし、仕事も断る」など散々。どんな人かとオフィスを訪ね、その余りのアットホームさ(みすぼらしさ)に「ウワサがすぐに嘘とわかりました」といってくれた同業の後輩がいたほどである。また、通い詰めた「酒庵きらく」の初代ママ菅原澄子さんは、「評判は良くないけれど、目の前の貴女は心の優しい人だから、私だけは信じてあげる」といってくれたものだ。

思い返すと、確かに誤解されるようなことばかりしていた。初対面で煙草をプカプカ吸うのは人見知りのせいだし、酒場でケンカをしたのは私生活も仕事も先が見えず鬱屈していたせいだし、仕事を断ったのは女性中心の編集プロダクションで甘く見られることが多かったせい。ともあれ、もともと趣味が読書と映画というオタクタイプだから、お酒を媒介に酒場で人と出会わなければ、今以上に偏屈で非常識な人間になっていたかもしれない。その意味で、先達から様々なことを教わった酒場は、私にとって〝先生〟だったのである。

ところで、本書の姉妹編である前著『さっぽろ喫茶店グラフィティー』は、朝日新聞の連載を書籍化したものだった。刊行後、北海道新聞の記者である寺町志保さんにその本を取材していただいた折、「うちの新聞でも、こんな連載をやりたかった」と残念がってくれた。そこで、「酒場がテーマならできるかも」とつい口を滑らせたところ、すぐさま連載を企画して下さった。紆余曲折の末、決まったタイトルは「ひと・街・酒場」。〝店は人なり〟を金科玉条にする私のイメージ通りで、とてもうれしかった記憶がある。

連載は平成18(2006)年4月からスタートし、同20年6月に終了。記念すべき第1回は、オバちゃんこと小野寺春子さんが営む「おでん小春」に登場していただいた。平成20年には88歳の米寿を迎えられた小野寺さんは、今も現役で店に出るこの世界では最古参。続く2回目は、その小野寺さんが2カ月だけお姉さんという、札幌カクテル業界の重鎮である山崎達郎さんの「ＢＡＲやまざき」。奇しくも同じビル内にあるこの老舗2軒にさえ登場してもらえれば、その後の店はどんな順番でもいいのではないかと思ったからだ。

女だてらに酒場の原稿を書くなんていい度胸をしている、と思う方も多いだろう。でも、もうすぐ人口190万人に手が届こうかというこの街に、こんなにも素敵な酒場がたくさんあり、それも長く続いていることを記録しておかなければ、という一念だったことだけはわかって欲しい。

という訳で、喫茶店に続くシリーズ第2弾として本書は誕生した。どちらも、企画実現の陰に女性記者の存在があり、とても感謝している。前作の朝日新聞・阿部八重子さん、今作の寺町さん、どうもありがとう。そして2代目デスクの川村史子さん、3代目デスクの松本悌一さん、いろいろお世話かけました。

連載執筆時には、かつて編集に携わった『札幌青春街図』(北海道教育社)、『さっぽろ食べたい読本』(北海タイムス社)、『新版札幌食べたい読本』(亜璃西社)を大いに参考とし、書籍化に際して加筆・修正を行っています。

今回、対談を快諾してくださった作家の佐々木譲さん、ありがとうございます。同世代の上、4カ月ほど年下ということもあり、言葉遣いが少し乱暴になっていたかもしれません。ゴメンナサイ。また、私のカクテルバーの師匠である永井紀雄さんには、多くの酒場マナーとグッドバーをご教示いただき、とても感謝していいます。そして最後になるけれど、今回も挫けそうになる度に励ましてくれた担当編集者の井上哲、素敵な造本にして下さった装幀の須田照生さん、どうもありがとう。

平成20(2008)年9月12日

和田　由美

参考文献◆『小春——30年を回想して』(自費出版)、枝川公一著『バーのある人生』(中公新書)、達磨信著『日本のグッドＢＡＲ』(新潮ＯＨ!文庫)、『さっぽろ大人のＢＡＲ』(ノーザンクロス)

〈著者略歴〉
エッセイスト。1949年、小樽市生まれ。札幌南高校を経て、藤女子短期大学英文科卒業。亜璃西社代表取締役。著書に『北海道究極の食材めぐり』(JTBパブリッシング)、『こだわりのロングセラー』(共同文化社)、『いつだってプカプカ』『日曜日のカレー』『さっぽろ喫茶店グラフィティー』(以上、亜璃西社)、共著に『さっぽろ文庫36 狸小路』『さっぽろ文庫49 札幌と映画』『さっぽろ文庫78 老舗と界隈』(以上、北海道新聞社)など。

本書の取材・執筆にあたり、各取材先の皆様に多大なるご協力をいただきました。この場を借りて、厚くお礼申し上げます。

*本書のデータは、2008(平成20)年9月上旬現在のものです

Special Thanks to
木ノ内久嗣、竹島正紀

◇制作スタッフ　葛西麻衣子、北川円、星野はるな、宮川健二
◇写真撮影　吹田里志(p118を除く)
◇写真提供　DAY BY DAY(p4、p118)

さっぽろ酒場《さかば》グラフィティー

2008年10月15日　初版第1刷発行

著　者　和田《わだ》　由美《ゆみ》
装　幀　須田　照生
発行人　井上　哲
発行所　株式会社亜璃西社《ありすしゃ》
〒060-8637　札幌市中央区南2条西5丁目6-7
TEL　011-221-5396
FAX　011-221-5386
URL　http://www.alicesha.co.jp/
印刷所　株式会社アイワード

ISBN978-4-900541-78-8　C0095